EL PEQUE...
DE...
SUEÑOS

EL PEQUEÑO LIBRO
DE LOS
SUEÑOS

UNA INTRODUCCIÓN
A LA INTERPRETACIÓN DE LOS SUEÑOS

STASE MICHAELS

MADRID - MÉXICO - BUENOS AIRES - SANTIAGO
2023

Título original: *A little bit of Dreams*
© 2015. Stase Michaels
© 2023. De la traducción, José Antonio Álvaro Garrido
© 2023. De esta edición, Editorial Edaf, S.L.U., Jorge Juan, 68 — 28009 Madrid, por acuerdo
con Sterling Publishing Co., Inc. Publicado por primera vez en 2016 por Sterling Ethos, una
división de Sterling Publishing Co., Inc., 33 East 17th Street, New York, NY, USA, 10003,
representados por UTE Körner Literary Agent, S.L.U., c/ Arago 224, pral 2.ª, 08011 Barcelona,
España.

Diseño de cubierta: © Sterling Publishing Co., Inc., adaptada por Diseño y Control Gráfico
Maquetación y diseño de interior: Adaptada del original por Diseño y Control Gráfico, S.L.

Editorial Edaf, S.L.U.
Jorge Juan, 68
28009 Madrid, España
Telf.: (34) 91 435 82 60
www.edaf.net
edaf@edaf.net

Ediciones Algaba, S.A. de C.V.
Calle 21, Poniente 3323 - Entre la 33 sur y la 35 sur
Colonia Belisario Domínguez
Puebla 72180, México
Telf.: 52 22 22 11 13 87
jaime.breton@edaf.com.mx

Edaf del Plata, S.A.
Chile, 2222
1227 Buenos Aires (Argentina)
edafadmi@gmail.com

Edaf Chile, S.A.
Huérfanos 1178 - Oficina 501
Santiago - Chile
Telf: +56 9 4468 05 39/+56 9 4468 0597
comercialedafchile@edafchile.cl

Junio de 2023

ISBN: 978-84-414-4244-3

Depósito legal: M-16278-2023

CONTENIDO

INTRODUCCIÓN Y AGRADECIMIENTOS

En primer lugar, deseo manifestar mi enorme agradecimiento a mi familia, que siempre ha sido el primer equipo de apoyo que he tenido en todos mis empeños. Y a continuación, dedicar un sincero agradecimiento a los muchos y queridos amigos que comparten mi viaje por el sendero místico.

Dedico este libro tanto a los que se inician en la exploración de sus sueños como a los que ya están embarcados en la aventura onírica diaria. Basada en toda una vida de análisis de sueños, esta obra comparte suficientes perlas de conocimiento para complacer a todos y cada uno de los lectores.

No puedo imaginarme la vida sin la guía de los sueños, y doy las gracias a todos los que me precedieron y allanaron el camino hacia la autocomprensión a través de los sueños, empezando por Carl Jung. Aunque nunca lo conocí, sus escritos fundamentales sobre los sueños siguen inspirándome. Cuando una vez le hice una pregunta crítica sobre los sueños, se me apareció justamente en sueños para responder a mi pregunta. Me sentí muy honrada y animada, como si me hubiera pasado el testigo a mí, así como a muchos otros, que intentan iluminar el camino. Muchas gracias a cada uno de mis antiguos profesores de la Atlantic University y a todos los que intentan explicar el significado de los sueños.

Hablando de influencias tempranas, gran parte de mis primeros conocimientos sobre los sueños surgieron leyendo los veinticuatro volúmenes publicados de las obras de Edgar Cayce, que se encuentran disponibles en la Association of Research and Enlightenment, en Virginia Beach. Cayce fue un pionero de la mística moderna. Al parecer, obtuvo sus conocimientos —mientras realizaba sus lecturas psíquicas— consultando los Registros Akáshicos, una fuente de información que se considera una recopilación de la comprensión mística de la vida. Las lecturas de Edgar Cayce son ricas en referencias a los sueños y a su importancia en el viaje espiritual.

En mi exploración personal de los sueños, durante años, fui condensando mi enfoque del análisis onírico, que finalmente evolucionó hasta convertirse en la Técnica de los Cinco Pasos del Sueño que se describe en este libro. La primera vez que me encontré con la idea de centrarme en un «tema» o «argumento» (segundo paso de la Técnica de los Cinco Pasos) fue gracias a la famosa autora Elsie Sechrist, que escribió hace tiempo *Dreams: Your Magic Mirror*. Elsie, a quien tuve el privilegio de conocer antes de que falleciera, aludió por primera vez a la generalización de la esencia de la historia de un sueño en un seminario al que asistí. Ese pensamiento se ha refinado y amalgamado en un método rápido y fácil de análisis de los sueños, muy bien recibido por los novatos y los que ya están en el viaje como una gran herramienta de vía rápida.

Por último, pero no por ello menos importante, doy las gracias a mi magnífica agente, Lisa Hagan, de Paraview Books, una mujer de gran corazón y un brillante cerebro, y a mi editora, Kate Zimmermann, que tiene un ojo y una pluma mortíferos a la hora de eliminar la morralla del contenido. Enhorabuena por su increíble trabajo y apoyo.

A medida que el viaje continúa, me vienen a la mente algunos de mis versos poéticos favoritos. Como escribió Lord Alfred Tennyson: «Soy parte de todo lo que he conocido y, sin embargo, toda experiencia es un arco en el que brilla ese camino sin recorrer cuyo límite se desvanece, para siempre jamás, cuando me muevo». Que tu viaje para explorar los mensajes de tus sueños sea tan emocionante como el mío.

1

¿QUÉ ES UN SUEÑO?

DEFINICIÓN DE UN SUEÑO. CUANDO SE TIENE UN sueño, la primera inclinación es a preguntarse qué significa. Pocos se preguntan: «¿Qué es un sueño?», e incluso yo, como experto en sueños, hice lo mismo. Durante años, me centré en lo que significaba el sueño y nunca me pregunté qué era. Gracias a los estudios de laboratorio sobre el sueño, conocemos el sueño REM (Rapid Eye Movement), la actividad de las ondas cerebrales durante el sueño y las fases del sueño. Sin embargo, esos datos no explican los orígenes ni la función de un sueño. Los místicos, por su parte, hablaban de los sueños como un mensaje del alma. Eso puede ser cierto pero, de nuevo, no define la mecánica de cómo se produce un sueño. Al final caí en la cuenta de que no tenía una concepción clara de lo que «es» en realidad un sueño.

La curiosidad me llevó a un viaje de diez años hasta encontrar la respuesta. Leí libros y consulté revistas científicas. Me ayudaron a ver lo que hace un sueño, pero no lo que es. Lo que más se aproximaba a una respuesta surgió de la idea del «resto diurno» de Freud, que considera los sueños como remanentes de las preocupaciones cotidianas; un concepto ampliado posteriormente por Montague Ullman. Los sueños como resto diurno se convirtieron en la semilla que condujo a una verdadera definición. Movilizando toda una vida de observaciones sobre los sueños, poco a poco se fue perfilando ante mí una imagen sobre la mecánica de cómo surge un sueño y qué es. Como la olla de oro al final del arcoíris, he aquí la definición definitiva de un sueño, la que satisface.

DE DÓNDE VIENEN LOS SUEÑOS

HACES MALABARISMOS CON DOS VIDAS. Vives dos vidas: una vida exterior de acciones y una vida interior, oculta y hecha de emociones y pensamientos. Estas partes interior y exterior de ti se encuentran vinculadas por «la psique» que, en el contexto de los sueños, se define aquí como el conjunto de interacciones entre tu mente, tu cuerpo y, para los creyentes, con tu alma.

TU VIDA EXTERIOR. A lo largo del día, desempeñas los papeles que te corresponden de padre, hermano, amigo, estudiante, médico, conductor de autobús, profesor, trabajador social, etc. Cada papel define lo que haces. Cada papel define lo que haces, pero no define quién o qué eres.

TU VIDA INTERIOR. Mientras está inmersa en las rutinas diarias, tu mente mantiene un diálogo silencioso, continuo e interno, mediante el que contrasta su experiencia inmediata con lo que piensa y siente. Estos «emparejamientos» entre el interior y el exterior pueden hacer que te sientas en conflicto o en paz. Son tantas las coincidencias que se acumulan en tu tablón de anuncios silencioso, que estos recuerdos de tu experiencia diaria se acumulan y, como una pila de papeles, que al final hay que ordenarlos y archivarlos.

LA PSIQUE COMO SOCIO SILENCIOSO. Gran parte de tu experiencia tiene lugar durante este diálogo interior silencioso. Como este diálogo interior es una conversación privada contigo mismo, el noventa por ciento de lo que piensas y sientes no lo compartes, ni siquiera con tu mejor amigo o tu cónyuge.

LA PSIQUE LO SABE TODO, LO CONECTA TODO. La parte de ti que sí comparte plenamente tu conversación interior es la psique. Como tu yo interior total, la psique mezcla tu vida interior y exterior, y es el proceso que te define como *tú*. Como tu piloto automático silencioso, la psique es el «yo» y el «mí» que es consciente de todos tus pensamientos, sentimientos y acciones. Actúa como el principal intermediario entre tú y el mundo, y como el mejor de los amigos que se preocupan por tus intereses. La psique representa los pensamientos y sentimientos destilados a los que llegas después de ordenar todo el parloteo interior. Algunos la llaman la «voz interior». Es el policía de tráfico que filtra lo que entra y sale de tu cerebro, y el administrador que después clasifica y archiva tus entradas diarias de coincidencias entre la vida interior y la exterior.

La psique se compone de:

- Mente, lógica e intelecto.

- La parte despierta y consciente de ti que dirige tu actividad diaria.

- La parte inconsciente y no reconocida de ti mismo, que es un hervidero de impulsos, preocupaciones, pensamientos y sentimientos ocultos.

- Los ideales, objetivos y normas que constituyen las «reglas internas» con las que riges tu vida.

- Y, cuando se moviliza para ello, la psique puede conectarte con tu alma y actuar como puerta de acceso a lo divino.

VIVIENDO AL LÍMITE: LA VIDA DISCURRE CON DEMASIADA RAPIDEZ. Ya sea por trabajo o por ocio, la mayoría de la gente está en constante movimiento y tiene poco tiempo para afrontar lo que le depara el día a día. Al disponer de poco tiempo para pensar al final de un largo día, ¿qué es lo que ocurre con la sobrecarga de problemas y preocupaciones que has clavado en tu tablón de anuncios interior?

EL NACIMIENTO DE UN SUEÑO

UNA REVISIÓN NOCTURNA AUTOMÁTICA. Cuando te duermes, la mente activa un botón de «limpieza automática» para filtrar y dar prioridad a los acontecimientos, sentimientos y reacciones del día. Ahora la mente tiene que ocuparse de las coincidencias internas y externas de las experiencias del día. La psique se pone en marcha y comienza a revisar las preocupaciones remanentes; lo que Freud denominó originalmente «restos diurnos». El doctor Montague Ullman, brillante pionero del estudio de los sueños, señaló a estos «restos diurnos» como las semillas de un sueño en sus numerosos libros sobre la interpretación de los sueños. Sin embargo, ni Freud ni Ullman explicaron cómo se desarrolla realmente un sueño. Permanezcan atentos. Basándonos en toda una vida de observación, así es como vemos que nace un sueño.

PASOS EN EL NACIMIENTO DE UN SUEÑO. La revisión nocturna de la psique discurre más o menos así:

UNA PRIMERA EXPLORACIÓN Y CLASIFICACIÓN RÁPIDAS. Al igual que un ordenador de alta velocidad, la psique evalúa cómo encajan las actividades, los pensamientos, los sentimientos y las observaciones del día. Compara las experiencias nuevas con las pasadas similares. La psique observa además cómo estas nuevas observaciones se alinean con tus objetivos, ideales, esperanzas y deseos. Durante este primer paso, la mente crea dos montones: 1) el montón de lo «completado» y 2) el montón de lo «que aún necesita que le prestemos atención».

LOS ELEMENTOS DEL MONTÓN DE «COMPLETADO» SE ARCHIVAN. La psique se ocupa primero de las acciones, pensamientos y sentimientos que se han gestionado y completado adecuadamente durante el día. Los elementos que no tienen restos emocionales ni cabos sueltos se almacenan en la memoria, que es el equivalente a archivar una pila de papeles que ya no necesitan tu atención.

SE REALIZA UN SEGUNDO ESCANEADO AL DETALLE DEL MONTÓN DE LO «QUE AÚN NECESITA QUE LE PRESTEMOS ATENCIÓN». Durante la primera exploración se archivó el montón de lo «completado». Durante esta segunda exploración, más detallada, la psique aborda la lista de pensamientos, sentimientos, acciones y decisiones sin resolver que se han desencadenado debido a los acontecimientos del día. Como si la mente fuera un ordenador de alta velocidad, la psique prioriza los asuntos y señala las preguntas, los deseos insatisfechos y los problemas que requieren su atención. También compara las cuestiones no resueltas con las experiencias actuales y pasadas. El *resultado final* es un conjunto de conclusiones y sugerencias sobre lo que se podría hacer para resolver esos problemas, conclusiones que la mente debe transmitirte.

LA RESPUESTA DE LA PSIQUE SE TRANSMITE EN FORMA DE SUEÑO. Tras evaluar tus preocupaciones actuales, la psique elabora un informe para resumir lo que se te haya escapado, de las notas del tablón de anuncios del día anterior. Este informe de la psique puede ofrecerte una nueva perspectiva, una nueva visión o una sugerencia para conseguir más información sobre un tema a medio procesar. Mientras duermes, este pequeño informe te lo transmite en forma de memorándum visual sobre tus sentimientos, preocupaciones y decisiones sin resolver. Lo has leído ya aquí antes: este miniinforme se conoce también como sueño.

¿QUÉ COMUNICA UN SUEÑO? Un sueño «informe», procedente de la psique puede incluir uno o más de los siguientes temas:

- Una panorámica general de los sentimientos o problemas no resueltos.

- Influencias o reacciones pasadas que resultan relevantes para un tema actual.

- Factores actuales, que han pasado inadvertidos y que afectan a un tema.

- Sentimientos con los que quizá no estés en contacto.

- Una invitación a cambiar una perspectiva o un objetivo.

- Consejos sobre cómo abordar un problema.

- Comprensión general o específica de un problema o preocupación.

EFECTOS FISIOLÓGICOS EN EL CUERPO MIENTRAS SUEÑAS

EL CEREBRO PERMANECE ACTIVO. El cerebro está tan activo mientras sueñas como cuando estás despierto. El cuerpo puede mostrar signos fisiológicos cuando estás soñando, como una respiración rápida, irregular o superficial, un aumento de la frecuencia cardiaca o un aumento de la tensión arterial.

TUS MÚSCULOS SE PARALIZAN. Un hecho poco conocido es el que, cuando sueñas, los músculos mayores del cuerpo, como los de los brazos y las piernas, se quedan inmóviles, como en un estado temporal de parálisis.

LOS ESTADOS DE SUEÑO Y VIGILIA PUEDEN SOLAPARSE. Aunque la vigilia y el sueño son estados diferenciados de conciencia, sus límites no siempre son precisos y pueden existir algunos instantes de breve superposición. Si te despiertas accidentalmente al final de un sueño, pero aún no estás despierto del todo —lo que puede ocurrir durante un sueño intenso o aterrador—, el efecto puede resultar sorprendente. Es posible que tu mente siga aún inmersa en el sueño y, sin embargo, esté también parcialmente despierta. Es posible que notes que no puedes moverte, una experiencia que la gente suele mencionar con inquietud. No poder moverse durante un sueño es algo normal. La parálisis desaparece cuando el sueño termina o cuando te despiertas del todo. Se trata simplemente de una experiencia superpuesta, entre la vigilia y el sueño.

NO SE PUEDE SER SONÁMBULO MIENTRAS SE SUEÑA. Un error común es creer que la gente es sonámbula porque está obrando en medio de un sueño. Pero eso no es así. Al igual que los brazos y las piernas *no se mueven* cuando estás soñando, no se pueden representar físicamente los sueños. Las personas sonámbulas no están soñando, aunque puedan recibir imágenes vívidas. El sonambulismo es un tipo de trastorno del sueño que suele producirse durante el sueño profundo, que es la fase tres, la más profunda del sueño.

EL EFECTO REBOTE. Si pierdes o reduces tu «periodo de sueño», aunque solo sea una noche, debido a la falta de sueño, la próxima vez que duermas tendrás un tiempo de sueño extra, hasta que recuperes lo perdido antes. Este efecto rebote restaura el tiempo de sueño perdido, y es un efecto que pone de relieve la importancia del sueño como mecanismo fisiológico incorporado.

¿TIENEN SIGNIFICADO LOS SUEÑOS?

Existe un debate, todavía en curso, sobre si los sueños son un vehículo para los mensajes o si los sueños son subproductos aleatorios del cerebro.

A continuación, se resumen aquí con brevedad ambos puntos de vista.

EL DEBATE EN CURSO. Aunque los místicos consideran desde hace tiempo que los sueños son un mensaje del alma, los psicólogos no están tan seguros de ello. Los investigadores se encuentran divididos. Algunos concluyen que los sueños tienen significado, mientras que otros teorizan que los sueños son imágenes aleatorias que no contienen ningún significado o mensaje intencionado. Siendo como es la naturaleza de la investigación científica, el debate continuará.

LOS SUEÑOS COMO ACONTECIMIENTOS ALEATORIOS SIN SENTIDO. Los que consideran que los sueños no tienen sentido creen que las imágenes oníricas están relacionadas con la activación aleatoria y espontánea de las células cerebrales (neuronas), que se encienden y se apagan como luces parpadeantes. Se cree que este proceso de encendido y apagado de las neuronas forma parte del mantenimiento del cerebro. Sus defensores, como Francis Crick y Graeme Mitchson, sugieren que las células del rombencéfalo (la parte inferior del tronco encefálico) activan espontáneamente las células de los centros cerebrales superiores (el córtex), lo que crea las imágenes nocturnas que llamamos sueños. Consideran que estos no tienen sentido. Desde este punto de vista, las imágenes que experimentamos por la noche son sucesos aleatorios que se producen porque las células cerebrales individuales se disparan al azar (se encienden y se apagan) durante la noche.

LOS SUEÑOS COMO ALGO QUE TIENE SENTIDO. Los que opinan que los sueños sí tienen sentido están de acuerdo con los que sostienen lo contrario: que las células cerebrales se disparan espontáneamente. Sin embargo, consideran que tal hecho es irrelevante. En lugar de centrarse en las células cerebrales individuales, teorizan que, como ocurre con un ordenador, el cerebro tiene el equivalente a un *software* incorporado (mecanismos neuronales) que permite a la mente procesar pensamientos, sentimientos y experiencias. Y uno de esos paquetes neuronales está relacionado con el sueño.

Estos psicólogos señalan que en el cerebro se producen otros procesos similares que favorecen el procesamiento de la información, como la capacidad que tienen los niños para aprender patrones lingüísticos complejos. El lingüista Noam Chomsky describe los patrones lingüísticos como estructuras «profundas» frente a estructuras «superficiales»; se trata de patrones gramaticales y lingüísticos complejos que los niños absorben sin entrenamiento, sea cual sea su idioma. En opinión de Chomsky, esta capacidad que está presente en los niños, sugiere que el cerebro tiene incorporada una plantilla relacionada con el aprendizaje del lenguaje. Los teóricos que consideran que los sueños tienen un significado suponen que existen plantillas cerebrales similares asociadas a los sueños.

Los investigadores Aaron Greenberg y Milton Kramer llegaron a la conclusión de que los sueños tienen significado, señalando estudios que sugieren que soñar está relacionado con el mantenimiento del equilibrio emocional y psicológico. Sus estudios sobre los sueños y el dormir de veteranos de guerra traumatizados, así como de personas con trastornos emocionales, indican que los sueños desempeñan un papel clave en la recuperación de la estabilidad emocional. Sus investigaciones revelaron que los argumentos de los sueños se relacionan con acontecimientos reales de la vida del soñador y con necesidades reales de su vida. En efecto, Greenberg y Kramer concluyeron de forma independiente que los sueños tienen sentido.

¿LOS SUEÑOS TE TRANSMITEN UN MENSAJE? ¿Los sueños transmiten ideas específicas a los soñadores? Al margen de los debates y las hipótesis científicas, puedes consultar innumerables libros sobre sueños, así como sitios web que describen las experiencias personales de individuos que han recibido mensajes y significados específicos en sus sueños. Independientemente de lo que especulen o concluyan los científicos, los entusiastas de los sueños seguirán analizándolos.

2

CLAVES ACERCA DE LOS SUEÑOS Y EL SOÑAR

APRENDER A ANALIZAR LOS SUEÑOS SE PARECE UN POCO a aprender a conducir un coche. La aplicación de la Técnica de los Cinco Pasos del Sueño (véanse en capítulos posteriores) para analizar los sueños es como aprender a conducir un vehículo: encender el motor, manejar el volante, el acelerador y los frenos. Una vez cómodo conduciendo, te haces consciente de las normas de conducción y aprendes consejos sobre cómo cambiar el aceite, mantener los neumáticos equilibrados, etcétera. Además, algunas reglas de la carretera, y una lista de consejos sobre el análisis de los sueños. Algunas ideas pueden incluso añadir un poco de chispa a tu paseo diario, como, por ejemplo, el estar atento a los sueños sobre el futuro.

RAZONES PARA LA EXISTENCIA DE PES EN LOS SUEÑOS

La posibilidad de que los sueños contengan PES (Percepción ExtraSensorial) es algo que fascina a la mayoría de la gente y lleva a la pregunta:

«¿Pueden los sueños predecir realmente el futuro?» La experiencia sugiere que sí. A algunos una afirmación de tal calibre puede sonar a misticismo o a charlatanería y, para unos pocos afortunados, un sueño sobre el futuro puede, en efecto, catapultarles a un reino del «más allá». Sin embargo, también hay formas de examinar los atisbos sobre el futuro en sueños, de una manera lógica. He aquí varias formas en que puede producirse la percepción extrasensorial en sueños.

RAZÓN 1: UNA EXPLICACIÓN NADA MISTERIOSA DE LA PES QUE SE PRODUCE EN SUEÑOS. A tenor de mi experiencia, la mayoría de los sueños relacionados con el futuro son «suposiciones» sobre una pregunta o una decisión que te ronda por la cabeza. Dado que el futuro se construye a partir de las decisiones de hoy, una forma de abordar la percepción extrasensorial en sueños es suponer que tus sueños tienen la capacidad de revelar por qué camino te están llevando tus decisiones actuales. Por ejemplo, supongamos que lanzas una pelota colina abajo. Es fácil adivinar si la pelota chocará contra un arbusto, rebotará en una roca o caerá en el arroyo. De la misma manera, tu psique, la parte de tu mente que es consciente de todas tus decisiones, se sitúa en la cima de la colina y hace una suposición sobre la dirección que tomarán tus decisiones. Esta conjetura es exacta —si y solo si— mantienes el rumbo actual.

RAZÓN 2: el destino y la intervención divina. Un tipo menos común de sueño PES surge del alma o de la intervención divina. Esta forma de sueño PES produce escalofríos, puesto que desafía la lógica al predecir lo que está más allá. J. B. Rhine, un investigador moderno de fenómenos paranormales, registró un ejemplo famoso. Describió cómo, hace años, un puñado de niños de un pueblo minero de Gales soñaron con antelación que su escuela se derrumbaría bajo una avalancha. Varios días después, el suceso ocurrió.

En la misma línea, el famoso místico de Virginia Beach, Edgar Cayce, sugirió que sueñas con antelación todo lo importante que te ocurre. Esos sueños sobre el futuro que te pinta tu alma pueden explicarse mejor con lo que el *Hamlet* de Shakespeare le dijo a Horacio: «Hay más cosas en el cielo y en la tierra, Horacio, que las que sueña tu filosofía». Algunas materias se encuentran todavía más allá de nuestro conocimiento.

ALGUNOS DATOS CURIOSOS Y CLAVES SOBRE LOS SUEÑOS

Al igual que añadir un sistema de GPS a un coche, estos datos y consejos pueden orientarte en la dirección correcta para maximizar los beneficios del análisis de sus sueños.

Clave 1. Los sueños se comunican en imágenes. El porqué de cómo funciona el cerebro

Un sueño habla en imágenes, porque el cerebro está programado para recordar visualmente. Tal como han confirmado los psicólogos, el cerebro almacena gran parte de su información (es decir, pensamientos, recuerdos y experiencias) en forma de imágenes que están vinculadas a tus pensamientos y sentimientos, convirtiéndose en una imagen mental en el ojo de la mente. Por eso, las imágenes visuales son el lenguaje del cerebro. También por eso, en los libros sobre cómo potenciar la memoria, te piden que asocies las palabras o nombres que quieres recordar con un conjunto de imágenes, para así poder recordarlos. Cuando se trata de la memoria y el cerebro, las imágenes mandan.

Clave 2. Todos los sueños tienen sentido

Todos los sueños contienen un mensaje, e incluso una sola imagen onírica tiene significado. Algunos mensajes oníricos tienen que ver con tus emociones, mientras que otros se refieren más a tus pensamientos, actitudes o acciones. Por ejemplo, en un sueño de una sola imagen, un hombre vio una gran rueda de madera. Al principio, la imagen parecía carecer de significado, pero más tarde recordó que, cuando era niño, había una rueda de carreta en la granja de su familia. Tras la muerte de su madre, a menudo se sentaba junto a la rueda de la carreta para llorar su muerte. La imagen onírica de la rueda le hizo darse cuenta de que seguía sintiéndose mal por la reciente pérdida de un buen amigo. El sueño le sugirió que debía tomarse un tiempo para llorar la pérdida de su amigo, igual que lloró la pérdida de su madre junto a la rueda.

Clave 3. Todo el mundo sueña

Quienes dicen no recordar ningún sueño, a menudo se preguntan si sueñan. Las investigaciones confirman que todo el mundo sueña. De hecho, se sueña entre cuatro y seis veces por noche, se recuerde o no alguno de esos sueños. Soñar y recordar los sueños son dos cosas distintas.

Clave 4. Hay varias fuentes de mensajes oníricos

FUENTE 1 DE MENSAJES ONÍRICOS: TU MENTE. La mayoría de los sueños son comunicaciones de tu psique, la parte interna de ti que es consciente de todas tus experiencias, objetivos y recuerdos. En el papel de tu mejor amigo, la psique (tu yo interior) actúa como un puente entre tu yo despierto y tu yo dormido, y utiliza los sueños para guiarte a ser lo mejor que puedas ser.

FUENTE 2 DE MENSAJES ONÍRICOS: EL ALMA Y EL MÁS ALLÁ. Algunas percepciones oníricas proceden del alma. Puede que tú seas el capitán de tu barco, pero el alma es la dueña de ese barco y, en ocasiones, el alma tiene algo que decir sobre tu camino en la vida. Hablando del más allá, muchos creen que los ángeles de la guarda pueden susurrarte al oído a través de un sueño, y que, en ocasiones, la propia divinidad otorga en sueños experiencias de gracia, curación o inspiración asombrosas. Muchos soñadores han confirmado tales sucesos oníricos extraordinarios.

FUENTE 3 DE MENSAJES ONÍRICOS: LOS SERES QUERIDOS YA FALLECIDOS. Algunas personas creen que la vida continúa después de la muerte y que los sueños te reconectan con un ser querido que ya ha fallecido. Experiencias oníricas anecdóticas sugieren que los difuntos nos visitan de vez en cuando para hacernos saber que aún nos quieren (véase el capítulo 11, «No todos los sueños son sueños»).

Clave 5. El análisis de los sueños es fácil

En general, existe la idea errónea de que aprender a comprender el mensaje de los sueños es difícil; sin embargo, si puedes aprender a conducir un coche, también puedes aprender a analizar tus sueños. El análisis de los sueños consiste en comprender el lenguaje de los símbolos y las metáforas, y orientarse gracias a unas cuantas reglas de circulación, como las claves que se enumeran a continuación. Una vez que domines estos conceptos, estarás en el buen camino.

CLAVE 1 DE FÁCIL ANÁLISIS: APRENDE LO BÁSICO. Familiarízate con los fundamentos de la interpretación de los sueños, como los que se describen en la Técnica de los Cinco Pasos del Sueño, que desarrollamos en capítulos posteriores. Una vez que descifres el meollo del significado de una docena de sueños, estarás en el buen camino hacia toda una vida de asombrosos mensajes oníricos.

CLAVE 2 DE FÁCIL ANÁLISIS: BUSCA EL EFECTO AJÁ. Cuando el significado de un sueño encaja, exclamas un «¡Ajá!» pletórico de energía, que es señal de un cambio notable en la percepción. Comprender el mensaje de un sueño produce satisfacción, como cuando encajas la última pieza de un puzle en el cuadro completo.

CLAVE 3 DE FÁCIL ANÁLISIS: CUIDADO CON LOS PREJUICIOS PERSONALES. Todo el mundo tiene temas que desencadenan en ellos reacciones emocionales y los arrastran. Por eso, es importante abordar un sueño sin ideas preconcebidas ni reacciones. Si el tema de un sueño es demasiado intenso, da un paso atrás para evitar que tu posible interpretación derive hacia meras ilusiones. Puesto que las reacciones iniciales pueden desviarte del camino, la cabeza fría resulta clave para una interpretación correcta. Para analizar correctamente un sueño, deja a un lado «el cristal con que se mira» y estate dispuesto a aceptar la verdad, toda la verdad, sobre el significado del sueño.

CLAVE 4 DE FÁCIL ANÁLISIS: DEJA EN SUSPENSO UNA CONJETURA INICIAL. Cuando te despiertas tras un sueño, la emoción de la historia hace que sea fácil decidir que ya sabes lo que significa. Mantén a raya tal confianza y asumes que no sabes lo que significa el sueño, al menos de entrada. A medida que apliques las técnicas de análisis onírico que elijas, tus perspectivas pueden cambiar y arrojar un resultado diferente al que pensaste en un primer momento sobre el sueño.

CLAVE 5 DE FÁCIL ANÁLISIS: PRESTA ATENCIÓN LAS PALABRAS QUE ELIGES. Fíjate en las palabras que eliges cuando grabas tu sueño. Las palabras que te vienen a la mente a menudo alteran la forma que tienes de pensar sobre el sueño en sí y crean un cambio en la percepción. Este fenómeno de elección de palabras es otra forma en la que la mente creativa e inconsciente revela atisbos del significado de un sueño.

CLAVE 6 DE FÁCIL ANÁLISIS: LOS SÍMBOLOS NO LO SON TODO. Un error común es centrarse solo en el significado de un símbolo e intentar encontrar el mensaje del sueño a partir de los símbolos, o incluso centrarse primero en los símbolos. Aunque los símbolos presentes en los sueños añaden profundidad al mensaje, centrarse principalmente en los símbolos tiende a ser un paso en falso. Hay sueños en los que un símbolo encierra todo el mensaje, pero en general, la historia global tiende a ser la clave para entender el sueño.

CLAVE 7 DE FÁCIL ANÁLISIS: TÚ PUEDES HACERLO. A pesar de estas todas estas advertencias, procede sin miedo. El análisis de los sueños es tan fácil como aprender a conducir un coche. Una vez que sepas arrancar el motor y respetar unas cuantas reglas de circulación, estarás en camino hacia el análisis de los sueños.

CLAVE 8 DE FÁCIL ANÁLISIS: los sueños son como un vehículo de lujo para ir por la vida. Habiendo prestado atención a los mensajes de los sueños durante toda mi vida, me parece que quienes no analizan sus sueños intentan ir por la vida en bicicleta. Se pierden un fantástico Rolls Royce incorporado a la mente —el conocimiento de los sueños— que puede llevarlos a donde quieren ir más rápido, con más seguridad y a su propia velocidad.

Clave 6. Los sueños aterradores son mensajes constructivos

Aunque un sueño aterrador te estremezca, la mayoría de las pesadillas nos traen un mensaje útil. El tipo más común de pesadilla te invita a reparar un rasgo de tu carácter. He aquí cómo funciona la cosa. En general, como a la gente no le gusta enfrentarse a algo desagradable de ella misma, aleja un sueño que le hace sentir como si le estuvieran regañando. Cuando el soñador aleja ese sueño —lo que, en términos psicológicos, es un intento de suprimir el sueño—, la conciencia nublada del soñador «enmascara» el contenido del sueño. El resultado, como cuando uno ve algo en las sombras distantes y turbias, es que una imagen amistosa ahora parece aterradora. Tener un sueño sobre un defecto personal puede parecerse a encontrarse con un enemigo en un bosque profundo, oscuro y vacío. Es un «ups» que asusta al frágil ego, que reacciona con un «¿Quién, yo?». Aunque alguna que otra pesadilla puede ser una advertencia literal, un sueño PES, la mayoría de los sueños aterradores son mensajes distorsionados, pero útiles, sobre tus propios defectos.

Clave 7. Los sueños te ayudan a resolver problemas

Una de las principales funciones del soñar es que los sueños pueden ayudarte a tomar decisiones, aclarar dudas y resolver retos cotidianos. De hecho, la experiencia dicta que la acción por defecto de la mente dormida es ayudarte con cualquier nudo que intentes desatar. Como en una sesión nocturna de Google, tu mente investiga el tema que te preocupa, lo compara con tu acervo de experiencias pasadas y presentes y, a continuación, genera una idea o una solución.

Dedicar tiempo a esta sesión de «tormenta de ideas nocturna por defecto» puede ser muy productivo en una amplio abanico de asuntos, sea ofrecer consejos a los enamorados, responder preguntas cotidianas o incluso para lograr un avance científico.

Clave 8. Los mensajes de los sueños son metáforas

Los sueños a menudo exageran para expresar algo y la mayoría de las escenas oníricas rara vez son literales. Son metáforas, y conviene tener eso en cuenta. Por ejemplo, una escena sobre una avalancha que va a engullir tu casa puede asustarte pero, a menos que vivas en una ladera de montaña susceptible de que ocurra tal suceso, la imagen es una metáfora sobre algo que amenaza tu seguridad, que está fuera de lugar o fuera de control. Las escenas positivas también son metáforas. Un sueño en el que ganas la lotería sugiere que eres un gran ganador, pero lo que está ganando no es probablemente dinero. El premio puede significar un ascenso profesional, una nueva relación o un talento que está siendo reconocido, que se te presenta como un billete premiado.

Clave 9. Los diccionarios de sueños no pueden explicarte lo que significa un sueño

En el mejor de los casos, un buen diccionario de sueños puede darte una idea general de lo que puede significar un símbolo, pero no puede decirte lo que ese símbolo significa realmente en el contexto de tu sueño concreto. Los diccionarios de sueños son una forma de explicar las imágenes. Por el contrario, la mejor parte de un símbolo onírico es que este se trata de una comunicación única, adaptada tan solo para ti y que, en la mayoría de los casos, no es de aplicación a nadie más. Consulta el capítulo sobre Símbolos para conocer el significado exacto y verdadero de las imágenes oníricas.

Clave 10. Tú eres el mejor intérprete de tus sueños

Una vez que aprendes los conceptos básicos y acumulas una buena dosis de experiencia, te conviertes en el mejor intérprete de tus sueños. La razón es que los sueños tratan sobre ti y sobre tu vida. Como eres el que mejor conoce las áreas de la vida de las que hablan tus sueños, eres el mejor intérprete de tus sueños.

Clave 11. Qué hacer con un sueño críptico

Cada esfuerzo que hagas para entender un sueño desconcertante y que te lleve a comprenderlo con éxito, te resultará más fácil interpretar el siguiente sueño. Sin embargo, cuando te encuentras con un sueño desconcertante, se te presentan varias opciones:

1. Espera un poco y vuelva a intentarlo unas horas más tarde o unos días después.
2. Háblalo con un amigo; a veces los comentarios de un oyente comprensivo pueden aportar nuevas perspectivas.
3. Echa un vistazo a los ejemplos de sueños en la web siguiente: INTERPRETADREAM.COM, consulta libros sobre sueños o investiga en Internet sobre temas oníricos concretos.

BENEFICIOS DE LLEVAR UN DIARIO DE SUEÑOS

Si anotas tus sueños nada más despertarte, el acto de registrarlos se convertirá en una rutina. Ya sea en un ordenador o en un cuaderno, tener un registro permanente de los sueños tiene sus ventajas.

Clave 1 del diario de sueños.
¿Por qué llevar un diario de sueños? Mantener un registro de los sueños te ayuda a captar el mensaje

BENEFICIO 1: FIJAS EL MENSAJE DE UN SUEÑO. Al consignar un sueño, fijas su mensaje. De lo contrario, lo más probable es que olvides el sueño y pierdas toda la información que intenta transmitirte. Si tienes poco tiempo, anota las frases clave y registra la versión completa más tarde.

BENEFICIO 2: TE MANTIENE EN CONTACTO CON TU PSIQUE. Grabar un sueño garantiza que los mensajes sigan llegando. Las comunicaciones en sueños son como hablar con un amigo, que, en este caso, es tu psique o voz interior. Si no respondes a las llamadas o correos electrónicos de un amigo, dejan de hacerlas y enviarlos. Registrar tus sueños le dice a tu psique que quieres seguir hablando y escuchando los consejos que tu voz interior tiene que ofrecerte.

BENEFICIO 3: RECONOCES PATRONES CRÍTICOS. Un diario de sueños te permite detectar patrones que se relacionan con tus batallas emocionales, decisiones, relaciones y encontrar tu camino en la vida.

BENEFICIO 4: PERCIBES ADVERTENCIAS O UN AVISO POSITIVO. Se dice que sueñas con todo lo importante que te ocurre. Tanto si un sueño es una advertencia sobre la salud como si es un aviso sobre un ascenso, registrar tus sueños con regularidad es como llevar una linterna por los caminos oscuros de la vida. Puede arrojar luz sobre lo desconocido.

BENEFICIO 5: ES MÁS FÁCIL SEGUIR TU PROGRESO PSICOLÓGICO. Los sueños revelan patrones sobre tu salud psicológica y emocional. Cada vez que detectas un patrón en tu diario de sueños, refuerzas tu propio progreso. Conectarse a dichos patrones a través de los sueños puede marcar una diferencia notable en cuanto al éxito, la paz y la felicidad que puedas alcanzar.

BENEFICIO 6: UN DIARIO DE SUEÑOS PUEDE SER UN DIARIO ESPIRITUAL. Si la espiritualidad es importante para ti, tu diario de sueños se convierte en un reflejo de tu vida interior. A quienes no pierden de vista su progreso espiritual, los sueños pueden conectarles con su alma. Muchas tradiciones consideran que los sueños son una conexión espiritual y los perciben como una puerta a la sanación y las bendiciones divinas. Los sueños espirituales son mensajes relacionados con el viaje de tu alma y pueden responder a las grandes preguntas de la vida. Una soñadora que nunca había sentido que Dios fuera real se preguntó: «Dios, ¿estás ahí?». Recibió un sueño que la dejó boquiabierta y la experiencia la dejó convencida de que Dios la conocía personalmente y la amaba incondicionalmente. Describió la experiencia onírica como un sentimiento de amor sin precedentes en su vida. Sean cuales sean tus preguntas espirituales, mantenerte activo con un diario de sueños ayuda a que tales experiencias se desarrollen.

BENEFICIO 7: UN DIARIO DE SUEÑOS PUEDE RESULTAR TERAPÉUTICO. ¿Necesitas un terapeuta? Una de las principales funciones de los sueños es servir de consejero. El propio acto de soñar puede ayudar a aliviar el estrés y mantener el equilibrio emocional. Al mismo tiempo, los sueños a menudo revelan ideas con la mano hábil de un consejero cariñoso. En otras ocasiones, pueden surgir imágenes chocantes para llamar tu atención cuando te estás desviando emocionalmente del camino. No te rías. Llevar un diario de sueños puede ser algo así como una terapia instantánea.

Clave 2 del diario de los sueños. Merece la pena que revises el diario de tus sueños

RAZÓN 1: UNA REVISIÓN ES UNA VÍA RÁPIDA PARA PERCIBIR PERCEPCIONES Y SOLUCIONES. Cada vez que revisas los mensajes de sueños pasados, tus sueños se vuelven más claros. Es como conocer a un nuevo amigo. Con el tiempo, os entendéis mejor y podéis ayudaros más. Después de revisar tus sueños, puede que tu psique empiece a descubrir, por la vía rápida, nuevas y sorprendentes percepciones y soluciones. Revisar esas percepciones registradas en un diario de sueños puede ser especialmente valioso para quienes ejercen profesiones que requieren resolver problemas.

RAZÓN 2: REPASAR TUS SUEÑOS TE AYUDA A TENER UNA NUEVA PERSPEC-TIVA. Ya sea meses o años después, revisar tus sueños puede equivaler a hacer un inventario de tu vida, de quién eres y de dónde te encuentras. Puedes darte cuenta de la existencia de patrones emocionales a los que antes no habías prestado atención y descifrar sueños cuyo significado se te había escapado. A medida que exploras con ojos nuevos, percibes un significado más profundo en ciertos sueños y descubres nuevas revelaciones sobre ti mismo y tu vida. Al recorrer tus diarios de sueños, pueden desplegarse hilos mágicos que narran la historia de tu vida.

Clave 3 del diario de los sueños. Qué poner en un diario de sueños

Trucos para registrar un sueño. Registrar un sueño puede parecer un cometido obvio, pero hay algunos trucos que merece la pena tener en cuenta. Grabar un sueño no es el objetivo: el objetivo es comprender el mensaje del sueño y aplicarlo.

Incluir los siguientes elementos cuando registres tus relatos nocturnos puede mejorar tus habilidades oníricas.

FECHA. Anota la fecha; algún día, cuando mires atrás, te interesará.

TÍTULO. Dale a cada uno de los sueños un título distinto que destaque sus impactos principales.

DETALLES. Anota todos los detalles posibles, aunque creas que carecen de importancia o sean repetitivos; esos detalles pueden resultar importantes más adelante.

ESCRÍBELOS COMO SI ESTUVIERAN OCURRIENDO. Escribe el sueño en tiempo presente, como si lo estuvieras reviviendo. Esto suele ayudar a recordar detalles adicionales o a completar una escena que habías olvidado.

SENTIMIENTOS. Anota cómo te ha hecho sentir un sueño. El estado de ánimo que te provoca un sueño puede ser una clave de su significado.

UN RESUMEN DE UNA LÍNEA. Anota inmediatamente un argumento rápido, como si estuvieras escribiendo el tráiler de una película, que explique de qué trata tu minisueño. Deja que esta línea capte la esencia del sueño, cómo fue tu primera impresión sobre el sueño.

CONTEXTO VITAL. Toma notas breves sobre tu vida. La pregunta que debes hacerte siempre es: «¿A qué se refiere el sueño con respecto a mí o a mi vida?». Puede que tardes una o dos semanas en tener un «ajá» para cada sueño y, si pierdes el hilo de lo que estaba ocurriendo en ese momento, es menos probable que te concentres en el mensaje. Así pues, anota breves recordatorios sobre:

- En qué pensabas cuando te fuiste a dormir.

- Sentimientos importantes que has estado experimentando.

- Principales asuntos de ese día, esa semana o ese periodo.

- Principales decisiones que tienes pendientes.

- Desafíos, crisis o perturbaciones relacionados con las relaciones u otras circunstancias.

CLAVES PARA RECORDAR LOS SUEÑOS.
FORMAS DE RECORDAR TUS SUEÑOS

Tanto si tienes problemas para recordar los sueños en general como si quieres recordar más, prueba estos consejos.

CLAVE PARA RECORDAR 1: DUERME LO SUFICIENTE. Si estás cansado, es menos probable que recuerdes un sueño. Si es necesario, recuperar el sueño durante el fin de semana puede ser una buena forma de mejorar el recuerdo de los sueños.

CLAVE PARA RECORDAR 2: HAZTE SUGERENCIAS A TI MISMO ANTES DE DORMIR. Si es la primera vez que sueñas o tienes problemas para recordar, antes de dormirte, dite a ti mismo, de manera relajada, que recordarás tus sueños. Darse a ti mismo una sugerencia antes de dormir informa a tu psique de que estás preparado y dispuesto a comunicarte. Sin embargo, si al hacerlo te sientes excitado o asustado, es posible que no estés preparado para investigar tus sueños, aunque sus mensajes sean positivos y útiles. No hay prisa; espera hasta que la idea de comprender tus sueños te haga sentir cómodo.

CLAVE PARA RECORDAR 3: PÓNTELO FÁCIL. Ten papel y bolígrafo a mano. Si no tienes tiempo de grabar el sueño completo, anota lo esencial y añade los detalles más tarde.

CLAVE PARA RECORDAR 4: ANOTA ALGO. Si no recuerdas ningún sueño al empezar tu viaje onírico, anota las sensaciones, ideas o nuevos pensamientos que te asalten al despertar. Pueden ser restos de un mensaje onírico y grabarlos puede ayudarte a recordar futuros sueños.

CLAVE PARA RECORDAR 5: MOTIVACIÓN. Anímate a recordar tus sueños. Tu psique necesita recibir el mensaje de que estás preparado y dispuesto a escuchar sus mensajes, y el entusiasmo hará que la bola empiece a rodar.

CLAVE PARA RECORDAR 6: MANTENTE RELAJADO Y BUSCA UN TIEMPO DE DESCANSO. Si no has trabajado antes con tus sueños, dedicarte unos minutos de tranquilidad cada día puede ayudarte a despejar un camino hacia tu psique. Cualquier cosa que te permita desconectar de las intensas actividades diarias funcionará. Una breve meditación, música, un paseo por la naturaleza o un pasatiempo creativo pueden ayudar a sincronizar tu parte exterior con la interior.

CLAVE PARA RECORDAR 7: PON EN PRÁCTICA AQUELLO QUE RECIBAS. Una vez que tengas un sueño y te concentres en su significado, aplica el mensaje. Al igual que los consejos de un buen amigo, los consejos oníricos seguirán llegando si los escuchas.

LO QUE PUEDE INTERFERIR CON EL RECUERDO DE LOS SUEÑOS

Existen varios factores que pueden contribuir a que no recuerdes tus sueños, como los que se enumeran a continuación.

BLOQUEO 1 DEL RECUERDO DE LOS SUEÑOS: LA FALTA DE INTERÉS. La razón más común por la que la gente no recuerda sus sueños es la falta de interés. Si te entusiasmas con lo que tus sueños tienen que decirte, el recuerdo tiende a mejorar de forma radical.

BLOQUEO 2 DEL RECUERDO DE LOS SUEÑOS: MEDICAMENTOS Y ESTADOS ALTERADOS. El alcohol, algunos medicamentos recetados y las drogas ilegales pueden interferir en el recuerdo de los sueños. Esto puede incluir algunos medicamentos para dormir, ya sean de venta libre o recetados para un uso a corto plazo.

BLOQUEO 3 DEL RECUERDO DE LOS SUEÑOS: DOLOR PROFUNDO. Cuando una persona se enfrenta a una pérdida personal o a un dolor intenso, a veces se cierra emocionalmente. En ocasiones, esto puede provocar la pérdida del recuerdo de los sueños. Una vez superado el dolor, la persona puede volver a recordar sus sueños.

BLOQUEO 4 DEL RECUERDO DE LOS SUEÑOS: ESTRÉS POSTRAUMÁTICO. Los traumas, como las experiencias bélicas o las catástrofes naturales que provocan pérdidas y destrucción, pueden crear una afección médica conocida como estrés postraumático. En algunas personas, el trauma produce pesadillas a largo plazo y puede bloquear su recuerdo, aparte de las pesadillas que reproducen la catástrofe. Las pesadillas traumáticas son más intensas y muestran diferencias fisiológicas y psicológicas con las pesadillas normales. A medida que se resuelve el trauma, pueden restablecerse los sueños normales y los patrones naturales de sueño, incluido el recuerdo de los sueños.

LA TÉCNICA DE ANÁLISIS DE LOS SUEÑOS EN CINCO PASOS, UNA VÍA RÁPIDA HACIA EL SIGNIFICADO DE TUS SUEÑOS

Solo necesitas cinco minutos para analizar un sueño

Esta es una primera aproximación a un método rápido para analizar tus sueños, en cinco sencillos pasos, que se resumen a continuación. En los capítulos 3 a 7 encontrarás más información sobre cada paso.

Descubrir el significado de tus sueños es tan fácil como aprender a montar en bicicleta. Sigue estos cinco pasos hasta alcanzar el equilibrio en un puñado de sueños y estarás en el buen camino hacia toda una vida de percepciones oníricas. Una vez que cojas el ritmo, podrás empezar a ver el significado de muchos sueños en cinco minutos.

Paso 1. Emociones

Observa tus sentimientos 1) durante el sueño y 2) al despertar. Tu reacción emocional ante un sueño es el primer indicio de lo que significa y, en ocasiones, tu reacción es el más importante. Por ejemplo, si te ves tumbado en un ataúd, pero te despiertas sintiéndote feliz, es probable que el sueño no sea una predicción de tu muerte.

Paso 2. Hilo argumental

El hilo argumental es una «reedición» generalizada del sueño sin repetir los detalles reales. No es un resumen. Un resumen se limita a extraer las ideas principales utilizando los mismos términos que en la historia original. Para obtener el argumento, se sacan la acción principal y el resultado final del sueño *sin* utilizar las mismas *palabras*. Sustituyes las palabras originales de la historia por términos generales como «alguien» o «algo».

¿Está claro hasta ahora? Los siguientes ejemplos te aclararán cómo suena una línea argumental.

POR EJEMPLO, un joven sueña que intenta atrapar una luciérnaga en una cálida noche de verano. Da manotazos a las luciérnagas, pero fracasa una y otra vez; persigue a una, pero se le escapa. Frustrado, se tumba en la hierba y se sienta tranquilamente. Mientras se relaja, una luciérnaga se acerca y él la atrapa con cuidado.

EL ARGUMENTO ES: «La actividad frenética fracasa, pero alguien tiene éxito tras quedarse tranquilo». O «Alguien consigue lo que quiere manteniendo la calma y dejando que aquello llegue hasta él». Cada versión de la historia capta lo esencial del sueño, pero no hay ninguna mención directa al joven, a una luciérnaga o a estar sentado en la hierba. Tal como ocurre con una silueta, el relato ignora los detalles y, en su lugar, se centra en las generalidades y los resultados de la historia. De este modo, lo importante sale a la luz.

Paso 3. Relaciona el hilo argumental con un área de tu vida

Como siempre, la pregunta no es «¿Qué significa este sueño?». La pregunta en realidad es: «¿A qué se refiere el sueño sobre mi vida (mis acciones, decisiones o relaciones) o sobre mí mismo (mi personalidad, actitudes o emociones)?». Como si encajaras una pieza de puzle en el gran cuadro de tu vida, determina qué, en ti, o en tu vida, puede sonarte en relación con el argumento de la historia. Examina el argumento que acabas de componer como si fuera una flecha que apunta hacia una situación, un rasgo o una actitud.

Puedes convertir el hilo argumental en una pregunta. Eso puede ayudarte a ver hacia dónde apunta la flecha. Por ejemplo, en el sueño anterior sobre el joven y la luciérnaga, el soñador podría preguntarse: «¿Estoy frenético en algún área de mi vida?». O «¿Qué asunto podría resolverse si no hago nada en lugar de porfiar?». Una vez que el argumento coincide con un área de tu vida, el mensaje suele encajar.

Paso 4. Símbolos

El cerebro está programado para registrar y recordar visualmente los recuerdos, pensamientos y acontecimientos. Como resultado, la mayoría de los recuerdos son «imágenes vinculadas a sentimientos», detalle que es importante tener en cuenta. Dado que el cerebro almacena los recuerdos en forma de imágenes, no es de extrañar que los sueños —que son un subproducto de la mente— también utilicen imágenes para trasmitir su mensaje.

Los símbolos oníricos son imágenes relacionadas y «vinculadas» a recuerdos y experiencias, como por ejemplo la graduación escolar, la recepción de flores o una interacción especial con un ser querido. Dado que un símbolo onírico tiene un vínculo emocional con tu pasado, deja una huella emocional en tu corazón y puede decir mucho. Por eso, cuando explores un símbolo onírico, como una flor o una joya, examínalo desde dos ángulos. En primer lugar, observa cómo te hace sentir la imagen y, en segundo lugar, comprueba con qué experiencias pasadas de tu vida se relaciona el símbolo. Este doble enfoque de los símbolos oníricos —los sentimientos que evoca un símbolo y el recuerdo con el que se relaciona— se denomina «exploración de tus asociaciones». Examinas las emociones relacionadas y estudias dónde, cuándo y cómo esa imagen o escena en particular entró en relación con tu vida. Al igual que Hansel y Gretel, dejando un reguero de migas por el bosque, ese rastro de tus asociaciones te conducirá a lo que significa el símbolo onírico.

Por ejemplo, en un sueño ves un coche deportivo rojo y te sientes eufórico. Más tarde, recuerdas que, cuando acabaste la universidad, fantaseabas con llegar a lo más alto de la escala empresarial y conducir un deportivo. En este caso, los sentimientos y el recuerdo pasado del deportivo rojo se relacionan con esos primeros motivos para alcanzar logros profesionales y, como mensaje, el símbolo te invita a evaluar lo lejos que has llegado en lo tocante a alcanzar tus metas.

Paso 5. Qué significa el sueño

En el momento en que trabajes sobre un sueño, mediante los pasos del uno al cuatro, percibirás tus sentimientos (paso uno), crearás una línea argumental y la pondrás en relación con una situación de la vida real (pasos dos y tres), y observarás cómo sus símbolos principales se relacionan con tu experiencia personal (paso cuatro). En ese momento, o en cualquier otro del camino, suele producirse un momento «ajá» que revela el mensaje del sueño.

Descubrir lo que te dice el sueño es la mitad del juego; la otra mitad es aplicar la intuición. Un sueño es práctico y útil solo si aplicas lo que te transmite. El quinto paso consiste en aplicar a tu vida lo que obtienes del sueño. Tanto si el mensaje te invita a cambiar de actitud, a explorar opciones profesionales o te felicita por un trabajo bien hecho, utilizar el mensaje de un sueño es como construir una buena casa, ladrillo a ladrillo. Cada vez que aplicas una nueva percepción a tu vida, es como añadir un ladrillo a la mansión que estás creando. Tal aplicación te ayuda a liberar tu potencial paso a paso y pone las probabilidades a tu favor para alcanzar el éxito, la paz y la felicidad.

3

LAS EMOCIONES COMO BANDERAS ONÍRICAS

LAS EMOCIONES SON COMO LA MÚSICA DE TUS SUEÑOS. No todo el mundo es aficionado a la música, pero sabes cuándo una canción o una pieza musical te gusta. La buena música puede alterar tus sentimientos, llenar de nostalgia tu corazón o abrir una herida que habías olvidado. Del mismo modo, escuchar música que no te gusta es como recibir un choque discordante de sonidos; puede hacer que te encojas de miedo o que te eches para atrás. Las emociones son la música de tus sueños. Tanto si un sueño te eleva como si te hace retroceder, tu reacción forma parte del mensaje.

No solo son importantes las emociones del sueño, sino también las que sientes al despertar. ¿Te has ido a dormir sintiéndote infeliz y te has despertado flotando en una nube y sintiéndote genial después de un sueño? ¿Te has despertado sobresaltado por un sueño que te ha llenado de inquietud? Todo forma parte de la música emocional de los sueños, tal como se explica a continuación.

PASO 1. EXAMINAR LAS EMOCIONES ES EL PRIMER PASO DE LA TÉCNICA DEL SUEÑO EN CINCO PASOS

EMOCIONES Y MENSAJES ONÍRICOS. Según el primer paso de la técnica de los cinco pasos, lo que sientes durante el sueño, o lo que sientes sobre el sueño después de despertarte, son las primeras claves sobre su significado. Si ves un león enorme entrar en tu jardín, pero se tumba, parece amistoso y te sientes contento al verlo, en lugar de aterrorizado, los sentimientos positivos indican que el mensaje no se refiere a estar en peligro. O supongamos que sueñas que tu cónyuge pierde los estribos en la cocina y rompe un plato con enfado, pero, en el sueño, mantienes la calma y sigues lavando los platos. El sueño puede referirse a las chispas de ira que saltaron durante un desacuerdo real entre tu cónyuge y tú, pero tu actitud serena en el sueño insinúa que la situación de la vida real puede resolverse manteniendo la calma.

LAS EMOCIONES FUERTES, DURANTE LOS SUEÑOS, LLAMAN TU ATENCIÓN. Una escena onírica puede tener una gran carga emocional, y lo hace para transmitir una idea sobre un asunto que requiere tu atención. Una escena en la que casi te ahogas puede ser una metáfora de que te sientes abrumado, un niño con una rabieta puede indicar que alguien está actuando de forma infantil o que una circunstancia se está saliendo de control, y una explosión puede referirse a una relación o situación explosiva. Cuando un sueño crea metáforas sobrecargadas que afectan a tus emociones, la potente reacción que sientes ante las imágenes es una señal de alarma que te indica que el mensaje es importante.

TU REACCIÓN ANTE UN SUEÑO PUEDE IMPULSAR EL CAMBIO. Supongamos que tienes un sueño que te genera sentimientos de agitación emocional durante horas o incluso días. Aunque parezca algo nocivo, a veces un sueño «provoca» deliberadamente agitación en tu interior para estimularte a realizar un cambio. Las reacciones intensas, que te dejan tambaleándote emocionalmente, pueden invitarte a un cambio de actitud o empujarte a adoptar una nueva perspectiva. Por ejemplo, un estudiante de último curso de universidad que está flojeando en sus estudios sueña que ha suspendido un examen final y que no se graduará. El sueño parece tan real que le asusta y le obliga a estudiar. O un hombre en un trabajo sin futuro sueña que todos a su alrededor ascienden, menos él. La angustia que le provoca el sueño le impulsa a investigar formas de avanzar en su carrera.

EJEMPLO 1 DE SUEÑOS QUE AGITAN TUS SENTIMIENTOS: TENER SEXO CON ALGUIEN A QUIEN DESPRECIAS. Soñar que tienes relaciones sexuales con alguien a quien no soportas es algo habitual. Una mujer sueña que tiene sexo con un jefe al que desprecia, pero, para su sorpresa, la pasión del sueño es real y magnífica. Se despierta confusa, consciente de que odia a su jefe, pero con dificultades para odiar a alguien con quien acaba de tener sexo. El sueño suaviza y cambia su actitud hacia su jefe, permitiéndole empezar de nuevo su relación.

Cuando la gente sueña que tiene relaciones sexuales con alguien que le desagrada, lo primero que piensa es que el sueño apunta a una atracción secreta hacia esa persona. Pero no suele ser así. Más bien, como la animosidad prolongada hacia otra persona no es saludable (emocional y psicológicamente), la psique fabrica una experiencia intensa y placentera para poner en marcha un cambio de actitud hacia esa persona. Un sabio afirmó una vez que la mejor manera de tratar con un enemigo es convertirlo en amigo. Un sueño en el que tienes relaciones sexuales con alguien a quien odias llega como un apaciguador, fabricado por tu psique.

EJEMPLO 2 DE SUEÑOS QUE AGITAN TUS SENTIMIENTOS: RECIBIR BENDI-CIONES DE UN SER QUERIDO FALLECIDO. Un hombre deprimido sueña con su padre muerto, la única persona que le comprendía de verdad. El padre abraza a su hijo, le dice lo orgulloso que está de él, sonríe y desaparece. El soñador se despierta eufórico; su depresión ha desaparecido.

Los sueños que impulsan un cambio pueden a veces lograr más que horas y horas de estímulo por parte de un amigo o terapeuta, y pueden tener un impacto continuo en el soñador.

LOS SUEÑOS COMO TERMÓMETRO DE TUS SENTIMIENTOS. En medio del ajetreo diario, es fácil perder el contacto con nuestras emociones. Cuando estás en una montaña rusa, llena de altibajos, los sueños pueden ayudarte a darte cuenta de cuáles son tus sentimientos y a afrontar los problemas que hay detrás de esas emociones alborotadas.

A veces puedes ignorar tus sentimientos o sentirte abrumado por ellos. Los sueños te ayudan a darte cuenta de cuáles son tus sentimientos y a etiquetarlos, para que puedas empezar a tratarlos. Verse a uno mismo en un sueño en el que se monta en un tiovivo que no se detiene puede resultar aterrador, pero puede ser una metáfora de que nos sentimos emocionalmente fuera de control. O verte saltar en paracaídas desde un avión, planeando alegremente por el cielo, puede ponerte en contacto con el orgullo que sientes por un logro conseguido.

Imagina que intentas ser paciente con un compañero de trabajo molesto, pero aun así te saca de quicio. Una noche sueñas que golpeas al compañero de trabajo. El sueño no te está invitando a golpear a tu compañero. En lugar de eso, lo que hace el sueño es reflejar tu frustración y te invita a arreglar tus reacciones hacia ese colega, reacciones que están creando atascos en tus sentimientos.

Un sueño también puede indicar si tu nivel de emociones está aumentando o disminuyendo. Si un hombre tímido sueña que da órdenes en el trabajo como si fuera un sargento instructor, el sueño puede insinuar que necesita hablar, y que es capaz de hacerlo; le está invitando a salir de su caparazón. Si una mujer de negocios segura de sí misma sueña que sus empleados se esconden debajo de sus mesas cuando ella pasa, el sueño insinúa que su confianza se ha tornado hacia la prepotencia. La invita a suavizar su actitud hacia sus empleados.

LAS EMOCIONES COMO UN MENSAJE A UNO MISMO. Los expertos suelen ver las emociones como «mensajes a uno mismo». Por ejemplo, una escena de depresión en un sueño puede apuntar a una herida oculta a la que es preciso dar salida. La ira puede apuntar a sentimientos fuertes que necesitamos canalizar hacia el liderazgo. La arrogancia puede enmascarar una falta de confianza o indicar un deseo de ser apreciado. Cuando el impacto emocional sea fuerte o te deje perplejo, comprueba si esas emociones son un mensaje para ti mismo.

4

LA HISTORIA LO REVELA TODO. CÓMO UN HILO ARGUMENTAL SINTETIZA EL MENSAJE DEL SUEÑO

ES LA HISTORIA, ESTÚPIDO. CUANDO LA MAYOR PARTE de la gente piensa en cómo se analiza un sueño, se fijan de inmediato en un símbolo que capta su atención y se enfrascan en lo que ese símbolo significa. O se centran en lo que puede representar un personaje del sueño, como si un símbolo o una persona del sueño contuvieran el mensaje. Mi misión como experta en sueños es desviar la atención hacia la historia onírica. Desviar el énfasis de los símbolos oníricos no implica que un símbolo no sea importante: lo es. Sin embargo, en la mayoría de los sueños, los símbolos desempeñan un papel secundario en la historia. ¿Por qué? Porque un sueño es una historia sobre tu vida y, al igual que un cuento de hadas que encerrase una moraleja en su relato, la propia historia onírica contiene el mensaje. Por ejemplo, supongamos que el cuento de hadas sobre Caperucita Roja fuera un sueño. Es una historia sobre una persona ingenua que casi es engañada por un lobo con piel de cordero; en este caso, el sueño sería un mensaje sobre no dejarse engañar por alguien. Podría tratarse de un estafador que vende acciones tóxicas, o de un marido infiel que pretende dejar a su esposa para seducir a una chica guapa. Tanto si los personajes del sueño son un estafador sonriente, como un lobo con piel de cordero o un seductor encantador, el mensaje es el mismo: cuidado con las artimañas de alguien. Aunque siempre hay excepciones, en la mayoría de los sueños el mensaje principal es la historia. Como se explica detalladamente en esta sección, comprender el «hilo argumental» de un sueño es el objetivo número uno —y también la estrategia más importante— para descubrir el mensaje del sueño.

PASO 2. CREAR UN HILO ARGUMENTAL ES EL SEGUNDO PASO DE LA TÉCNICA DE LOS CINCO SUEÑOS

Redefinir la historia es la clave para encontrar el mensaje que hemos soñado.

Establecer cuál es la esencia de un sueño constituye el segundo paso de la técnica de los cinco pasos. Como recordarás, el hilo argumental es un enunciado de una línea que, si se compone bien, desvela el significado del sueño. Resumir la historia en un hilo argumental es el camino más rápido y preciso para llegar al significado de un sueño. Como muestran los siguientes ejemplos, este puede ser el punto de inflexión crítico para encontrar el mensaje y funciona para la mayoría de los sueños.

EL PUNTO PRINCIPAL PARA CREAR UNA LÍNEA ARGUMENTAL ESTÁ EN GENERALIZAR. Para encontrar el hilo argumental, haz una afirmación general sobre las acciones y resultados presentes en el sueño, sin citar los detalles de la historia. Extrae la esencia del sueño y reafírmala utilizando palabras como «alguien» y «algo» para generalizar lo que está sucediendo. Crear una generalización de este tipo te lleva más allá de lo obvio y elimina los detalles que distraen.

Una joven casada de Sudáfrica soñó que viajaba como pasajera en un coche conducido por un apuesto desconocido. El conductor se inclina sobre su regazo para cambiar de marcha y también para cerrar una puerta rota, en el lado del pasajero. Al cerrar esa puerta se crea un espacio «acotado». Ella siente una gran atracción física hacia él y se besan. En el sueño, esta experiencia la hace muy feliz. Pero cuando se despierta, como mujer que ama a su marido y que nunca le engañaría, el sueño la deja disgustada y confusa.

HILO ARGUMENTAL: «Alguien interactúa con alguien a quien quiere y desea y está felizmente pegado a él en un espacio pequeño, creando una buena conexión». Como símbolo onírico, fíjate en la referencia a la creación de un espacio «acotado» que es una clave del significado del sueño. Junto con el argumento sobre la feliz conexión con alguien a quien se quiere y ama profundamente, la imagen del «espacio cerrado» refuerza una metáfora y un mensaje que transmite sueño sobre el embarazo. El sueño le dice a la joven que está a punto de tener un hijo; una experiencia que ella deseaba. El apuesto desconocido del sueño, con el que está encerrada en un espacio reducido, es un anuncio visual acerca de su futuro hijo.

EJEMPLO 2 DE CÓMO ENCONTRAR EL HILO ARGUMENTAL: DAR A LUZ A SERPIENTES. Una mujer de mediana edad, recientemente divorciada, soñó que en su patio trasero había una serpiente de seis metros, y que a su alrededor empezaban a aparecer pequeñas crías de serpiente. Luego, ella misma empezó a dar a luz a montones de crías de serpiente, que salían por el orificio equivocado de su cuerpo, el ano, que no es por donde normalmente salen los bebés. Cientos de pequeñas serpientes estaban así naciendo y ella no podía conseguir que pararan. Se sentía asustada y horrorizada.

HILO ARGUMENTAL: «Alguien ve venir hacia él cosas espantosas, ajenas a él, y no deseadas, que salen por el lado equivocado, sin que él tenga control sobre lo que está pasando». Con un divorcio, problemas económicos y una larga lista de problemas familiares a cuestas, el argumento describía con exactitud cómo se sentía la mujer: asustada, fuera de control y con la sensación de que todo a su alrededor salía mal.

EJEMPLO 3 DE CÓMO ENCONTRAR EL HILO ARGUMENTAL: CORRER POR UN PUENTE DE MADERA. Una recién licenciada se había mudado a una nueva ciudad y tenía miedo de encontrar trabajo en su campo de competencias. Soñó que cruzaba un viejo y desvencijado puente de madera, sobre un pantano húmedo y verde, solo por diversión, junto con su hermano y su mejor amiga. Al principio tenía miedo, porque había anguilas en el agua, pero su hermano le dijo que no pasaría nada. Al puente le faltaban algunos tablones, pero no eran tan grandes como para caerse, y el puente era estable, así que siguió adelante. Divirtiéndose, empezó a correr de un lado a otro del puente. Sin embargo, a medida que corría, los huecos entre los tablones se hacían cada vez más anchos. Llegaron a ser tan grandes que tuvo que saltarlos. En el último tramo del puente, su extremo había caído al agua; para ponerse a salvo, tendría que saltar al agua y nadar hasta la orilla. Aterrorizada, lo deja para más tarde. Su hermano le dice que todo saldrá bien, así que salta al agua, nada hasta la orilla y se pone a salvo.

HILO ARGUMENTAL. «Alguien asume riesgos cada vez mayores, empezando por los pequeños, para pasar a los más grandes, y a pesar de muchos retos, con ánimos, llega a donde quiere». O bien, la historia podría simplificarse diciendo: «Alguien supera pequeños y grandes retos y acaba bien». Como indica la historia, el sueño era un mensaje de ánimo para ayudarla a superar la ansiedad que le producía construir una nueva vida. Utilizando la voz de su hermano, el sueño le aseguraba que todo saldría bien. Como metáfora, la historia en general le decía: «Salta al agua de la vida; no te hundirás».

CÓMO CENTRARSE EN EL HILO ARGUMENTAL

CLAVE 1 PARA ENCONTRAR EL HILO ARGUMENTAL: NO TE DEJES DISTRAER POR LOS SÍMBOLOS. Muchos enfoques sobre la interpretación de los sueños te empujan de cabeza al símbolo de un sueño; sin embargo, los símbolos y los elementos de fondo pueden distraerte del significado global que buscas. Hasta cierto punto, los símbolos son el sabor y la decoración de un pastel, no su sustancia. Puesto que son portadores de gran parte del contexto emocional del sueño, los símbolos son importantes, pero primero debes examinar el hilo argumental, porque es la trama —incorporada en el argumento— la que con mayor frecuencia conduce al mensaje.

CLAVE 2 PARA ENCONTRAR EL HILO ARGUMENTAL: CÉNTRATE EN LA TRAMA. Al examinar la historia del sueño, concéntrate en las acciones, reacciones y resultados finales más importantes del sueño. A medida que vayas filtrando el perfil depurado de lo que ocurre, empezarás a ver el hilo argumental que, como un hilo oculto, define el sueño y le aporta coherencia.

CLAVE 3 PARA ENCONTRAR EL HILO ARGUMENTAL: CÉNTRATE EN EL MEOLLO DE LA CUESTIÓN. El argumento es la esencia destilada de lo más importante, y eso incluye el desenlace. Juega con diferentes descripciones de una sola línea que extraigan lo esencial de la historia, hasta que esa única línea encaje. Estate atento a si se produce un cambio en tu percepción del sueño a medida que llegas al meollo del asunto. No te des por satisfecho hasta que todos los elementos de la trama estén incorporados en un pensamiento conciso de una sola línea.

CLAVE 4 PARA ENCONTRAR LA LÍNEA ARGUMENTAL: SUSTITUYE LAS ACCIONES CONCRETAS POR METÁFORAS GENERALES. Una escena de pesca puede evocar un argumento sobre alguien que alcanza una meta. Una boda puede resaltar un hilo argumental sobre alguien que está listo para comprometerse. Matar a un atacante puede enfatizar un tema subyacente sobre alguien que se defiende.

CLAVE 5 PARA ENCONTRAR EL HILO ARGUMENTAL: LO QUE NO ES EL HILO ARGUMENTAL. El hilo argumental no es un intento de saltar directamente al significado. Es una forma de dar un paso atrás y examinar lo que está sucediendo sin quedarse atascado en los detalles de la historia.

CLAVE 6 PARA ENCONTRAR EL HILO ARGUMENTAL: EN UN SUEÑO LARGO, DEFINE VARIOS HILOS ARGUMENTALES. A veces, un sueño largo que tiene varias escenas encierra un mensaje complejo, o pueden ser varios sueños que parecen superponerse. Da a cada sección una línea argumental separada. Al final, cuando encadenes todas las líneas argumentales, puede que converjan en un mensaje coherente o que resulten ser una serie de mensajes relacionados, sobre un mismo tema.

CLAVE 7 PARA ENCONTRAR LA TRAMA. Si la trama de un sueño es confusa, anota las similitudes y diferencias. Cuando un sueño contiene muchos giros y parece carecer de una trama clara y coherente, intenta agrupar sus similitudes y diferencias. Una vez que anotes los temas relacionados, con lo que resulta similar o diferente, puedes convertirlos en un hilo argumental y avanzar hacia el significado.

EJEMPLO 1 DE SUEÑO, SOBRE SIMILITUDES Y DIFERENCIAS EN EL HILO ARGUMENTAL: LA COMPRADORA FRUSTRADA. Una mujer soñó que estaba en unos grandes almacenes comprando pequeños productos de belleza de uso cotidiano, tales como esmalte de uñas, perfume y rímel. No encontraba lo que quería y se decepcionó en repetidas ocasiones. El noventa por ciento del sueño describe escenas incoherentes de compras infructuosas, y de no llegar a ninguna parte. En la escena final, que describe casi como una ocurrencia tardía, la mujer encuentra el precioso anillo de rubí que siempre había deseado. El anillo le queda perfecto y le resulta asequible.

Lo que resulta *semejante* en esta historia, como segmento del hilo argumental, es que alguien se enfrasca, en repetidas ocasiones, en las pequeñas cosas de la vida y fracasa. Lo que es *diferente*, como hilo argumental, es que, mientras se concentra en las pequeñas cosas, alguien encuentra inesperadamente un gran objeto que siempre había deseado. Combinando estos elementos semejantes y diferentes, el hilo argumental de la historia se convierte en: «Los intentos de alguien por perseguir las pequeñas cosas de la vida son difíciles e infructuosos, pero perseverando, acaba por alcanzar sus deseos más íntimos». ¿Dónde se encuentra la culminación de los anhelos de la soñadora? En cualquier cosa que se haya fijado ella misma como sus esperanzas y objetivos en la vida.

Cuando analizamos este sueño, vemos que casi toda la historia consistía en deambular por las tiendas y no encontrar artículos. Uno podía llegar a distraerse con esas imágenes primarias y concluir que la historia trata de alguien que da vueltas en círculos. Sin embargo, el final diferente cambia la perspectiva. Al contrastar el final exitoso con la acción principal de no llegar a ninguna parte, tal yuxtaposición hace que la historia se centre. Cuando un sueño es largo y confuso, hay que buscar diferencias, similitudes y contrastes significativos, y ver si eso pone de relieve algún punto focal.

Cuando intentes analizar por primera vez un sueño largo que divaga, busca un giro en la historia que desplace tu atención. Un cambio de ritmo o un contraste en una escena pueden ayudarte a distinguir los hilos principales de la historia y permiten que el mensaje salte a la vista.

CLAVE 8 PARA ENCONTRAR EL HILO ARGUMENTAL: PRACTICA CON HISTORIAS QUE CONOZCAS. La práctica hace al maestro. Cuantos más mensajes oníricos descifres utilizando líneas argumentales, más rápido aprenderás a analizar tus sueños. Tanto si estás en un atasco como si estás disfrutando de una pausa para el café, prueba estos trucos para practicar durante dos minutos. Elabora un hilo argumental en varias versiones diferentes. Desafíate a simplificar cada versión, pero incluyendo todos los puntos principales que hacen hincapié en el meollo del asunto.

SELECCIONA UN CUENTO DE HADAS. Imagina que uno de tus cuentos favoritos de la infancia es un sueño y busca su hilo argumental. La esencia de «El patito feo» podría ser: «Alguien se encuentra abatido porque no encaja, pero más tarde descubre su singularidad y se siente feliz».

SELECCIONA UNA PELÍCULA. Elige una película que haya captado tu interés. La película *Gandhi* podría tener el siguiente hilo argumental: «Echando mano de la integridad, el coraje y la paciencia, alguien indefenso toma la iniciativa y, a pesar de toparse con una gran oposición, consigue un enorme cambio positivo». O el argumento de la película *Titanic* podría ser: «Enfrentados a la desesperación y a probabilidades en contra abrumadoras, surgen tanto el heroísmo como el egoísmo».

HISTORIAS DE TELEVISIÓN. ¿Qué tal un programa o episodio favorito de televisión? Un concurso como *El precio justo* podría tener un argumento del tipo: «Unos ganan, otros pierden, pero todos se lo pasan bien». O la idea esencial de la comedia *Modern Family* podría decir: «Donde hay amor, las diferencias no importan».

5

UN SUEÑO NO ES UNA MINIPELÍCULA. ES UN VÍNCULO CON TU PROPIA VIDA

LOS SUEÑOS RESPLANDECEN COMO UNA LUZ EN TU propia vida.

En el segundo paso, el que trata sobre cómo encontrar el hilo argumental de un sueño, extrajiste el significado del sueño en un hilo argumental. En el tercer paso, compruebas dónde se sitúa el foco del sueño, en el escenario de tu vida. Al llegar al paso tres, es hora de reubicar el hilo argumental que has extraído, de nuevo en tu vida. Puesto que el sueño trata de ti, la pregunta es: «¿En qué parte de mi vida o de mí mismo encaja la historia?» ¿La historia se refiere a tu interior como espejo de una actitud, de un estado emocional, de un deseo o de un objetivo? ¿O la historia pretende llamar la atención sobre un acontecimiento exterior, como un conflicto en una relación, una decisión o una preocupación por un ser querido que te desgarra el corazón?

El tercer paso te dice cómo seguir el foco del sueño para volver a encajar la línea de la historia en tu vida real.

Una vez que consigues tal ubicación y encuentras dónde encaja la historia con un área de tu vida, a menudo se produce un «ajá» de comprensión. Este paso puede ser el más emocionante y revelador de todo el análisis de los sueños. Para ello, consulta las siguientes claves que te sugerimos.

PASO 3. RELACIONAR LA HISTORIA CON TU VIDA ES EL TERCER PASO DE LA TÉCNICA DE LOS CINCO SUEÑOS

CLAVE 1 PARA RELACIONAR UN SUEÑO CON TU VIDA: HAZ LA PREGUNTA CORRECTA SOBRE LO QUE SIGNIFICA UN SUEÑO EN CONCRETO. Como ya se ha dicho, la pregunta nunca debe ser «¿Qué significa este sueño?». La pregunta correcta siempre es «¿A qué se refiere el sueño, tocante a mí o a mi vida?». Conviene repetir este enfoque. Cuando tienes presente que un sueño habla de tu vida y no es un mero divertimento, te mantienes en el buen camino para llegar a descubrir su significado. Si relacionas el argumento con un aspecto o una experiencia de la vida real, el significado saldrá a la superficie.

CLAVE 2 PARA RELACIONAR UN SUEÑO CON TU VIDA: LA IMPORTANCIA DE HACER COINCIDIR EL HILO CON UN ÁREA DE TU VIDA. Como si movieras una pieza de un rompecabezas por un tablero para ver cómo encaja, examina tu vida para ver dónde coincide el hilo argumental con una actitud, una relación, una actividad o una situación en curso.

Por ejemplo, supongamos que sueñas que participas en una carrera olímpica y ganas una medalla de oro. El hilo argumental dice: «Después de mucho esfuerzo, alguien triunfa con brillantez» o «Perseverando, alguien logra grandes cosas». Qué éxito en concreto de tu vida destaca el sueño, depende de tu trayectoria; solo tú puedes saber cuál es ese éxito para ti. Para algunos, puede referirse a ataviarse con ropa glamurosa después de perder peso; para otros, puede ser terminar una carrera o ascender a toda velocidad en la empresa.

CLAVE 3 PARA RELACIONAR UN SUEÑO CON TU VIDA: CONVIERTE EL ARGUMENTO EN UNA PREGUNTA. Si tienes problemas para relacionar un sueño con una determinada área de tu vida, intenta convertirlo en una pregunta.

EJEMPLO ONÍRICO 1 SOBRE CÓMO CONVERTIR UN HILO ARGUMENTAL EN PREGUNTAS: INVADIR MI ESPACIO. Un hombre sueña que entra en su oficina y ve a la ayudante del director en su mesa cortando trozos de cinta adhesiva para su propio uso. Ella no tiene derecho a estar en su despacho ni a registrar sus pertenencias. Se acerca a ella y le pregunta en voz baja: «¿Qué haces?».

Ella sabe que la han pillado haciendo algo fuera de los límites, pero le ignora y le desafía descaradamente al seguir arrancando cinta. El hombre se queda callado y no la confronta porque no sabe qué hacer.

El *hilo argumental* es: «Alguien ve a otro abusar de su posición, pero no sabe cómo detenerlo».

La historia nos lleva a plantearnos preguntas como: ¿en qué momento de tu vida hay alguien que sobrepasa sus límites? ¿Dejas que alguien se aproveche de ti? ¿Hay alguna situación en tu trabajo o en tu vida en la que te gustaría alzar la voz pero no te sientes seguro?

A medida que respondas a las preguntas que te plantee la historia, se desvelará el área de la vida a la que se refiere el sueño.

Un soñador se sorprende al ver una gran herida abierta que gotea sangre. El *hilo argumental* es: «Alguien ve algo que necesita mucha ayuda». Este hilo argumental lleva a estas preguntas: ¿En qué parte de tu vida te sientes herido o dolorido? ¿Has ignorado a alguien de tu entorno que puede estar sufriendo? ¿Has causado tú, o alguien cercano a ti, un daño emocional con tus acciones o hábitos?

Una mujer sueña que sus compañeros de trabajo están frenéticos y a la carrera para llevar a cabo sus tareas. Ella los ignora y se pone con tranquilidad un ancho pañuelo de seda roja, anudándoselo con cuidado en un lazo, haciendo un arreglo artístico. El *hilo argumental* es: «En lugar de dejarse atrapar por el frenesí y el caos que la rodea, alguien se centra con sosiego en crear algo bello». Tal hilo argumental plantea preguntas como ¿en qué parte de tu vida están demás frenéticos? ¿Conseguirías resolver un problema concentrándote en hacerlo lo mejor posible? ¿Existen actividades creativas que te distraigan de las ansiedades de tu vida?

A medida que buscas respuestas a las preguntas que te plantea el hilo argumental, pueden surgirte ideas sobre una situación concreta de tu vida. Al relacionar un hilo argumental con un aspecto de tu vida, recuerda que tienes dos vidas: una interior y otra exterior. A veces, el acontecimiento de tu vida que te comenta el sueño se trata de una actitud, una emoción, un conjunto de pensamientos o una perspectiva que está ocurriendo en tu interior.

Tu vida interior también está sujeta a muchos episodios y acontecimientos, por así decirlo. Tendemos a buscar el significado de un sueño en circunstancias y acontecimientos externos pero, con la misma frecuencia, un sueño alude a tu carácter, actitudes o pensamientos en lo tocante a posibles decisiones, esperanzas, miedos y deseos.

6

SÍMBOLOS
Y SUEÑOS

H IP, HIP, HURRA POR LOS SÍMBOLOS DE LOS SUEÑOS. Tras relegar los símbolos a un segundo plano durante el primer paso de la Técnica de los Cinco Pasos del Sueño, en el cuarto paso, volvemos, cerrando el círculo, a examinar la importancia de los símbolos y los personajes en los sueños. El hilo argumental te proporciona una plantilla para el significado general que tiene el sueño. Ahora, puedes colocar un símbolo onírico en esa plantilla para aclarar y realzar el significado de dicho sueño.

Los símbolos son también un puente fundamental, que sirve de enlace entre varios elementos del sueño. En *primer lugar*, un símbolo es un vínculo entre un recuerdo del pasado y un acontecimiento de la vida actual, y revela cómo se solapan el pasado y el presente. En *segundo lugar*, debido a su asociación con una experiencia pasada, un símbolo es un vínculo directo con tus emociones. La forma en que el símbolo influye en tus sentimientos puede dar color al mensaje y tener un efecto importante en el significado del sueño. En *tercer lugar*, debido a su vínculo con memoria, un símbolo es también un enlace con tu mente inconsciente, con la parte oculta de ti que almacena experiencias olvidadas, deseos, objetivos e incluso traumas reprimidos. Al igual que si encontrases un cofre del tesoro enterrado, un símbolo onírico puede desenterrar una gran cantidad de sentimientos y descubrimientos sobre ti mismo y tu pasado. A medida que veas cómo te ha moldeado el pasado con la ayuda de un símbolo onírico, serás más libre para elegir tu camino futuro. En el cuarto paso reafirmamos el papel asombroso y transformador que puede desempeñar un símbolo onírico, y vemos cómo llegar al significado de un símbolo onírico.

PASO 4. EXAMINAR LOS SÍMBOLOS ES EL CUARTO PASO DE LA TÉCNICA DE LOS SUEÑOS DE CINCO PASOS

HAY TRES FORMAS PRINCIPALES DE ENCONTRAR EL SIGNIFICADO DE UN SÍMBOLO ONÍRICO. Explora los siguientes enfoques, ya establecidos, para encontrar el significado de un símbolo onírico; a continuación, encontrarás una descripción de cada uno de ellos. Según vayas probando los distintos métodos con tus sueños, ¡te darás cuenta de que la selección de símbolos por parte de tu psique es cualquier cosa menos aleatoria! La mente trabaja duro para seleccionar un símbolo específico, para transmitir un mensaje preciso.

EL MÉTODO DE LAS ASOCIACIONES CON EL PASADO, DE FREUD. Haz retroceder un símbolo en el tiempo hasta llegar a un recuerdo o una experiencia del pasado y relaciónalo con la historia onírica actual, así como con una situación de la vida actual.

LAS ASOCIACIONES PARALELAS DE JUNG. Explora lo que un símbolo onírico significa para ti en el momento actual, así como sus significados actuales, también para ti.

EL ENFOQUE DE «CONVIÉRTETE EN EL SÍMBOLO», DE FRITZ PERL. Se trata de una técnica de juego de rol dramático. Se experimenta una vivencia con un símbolo o un personaje principal del sueño entablando una conversación simulada con el mismo. Al convertirse en el símbolo, elude uno la mente lógica y se intuyen los trasfondos ocultos de tal símbolo.

FREUD: RELACIONAR UN SÍMBOLO ONÍRICO CON EL PASADO. Al trabajar con los sueños de sus pacientes, Freud observó que los símbolos oníricos se relacionaban con las experiencias pasadas de estos, aquellas que tenían un impacto emocional en el soñador. Para investigar el significado de sus símbolos, pedía a sus clientes que retrocedieran en el tiempo hasta esos recuerdos pasados y, tumbados en un diván, les dejaba que sacaran a flote sus asociaciones pasadas sobre sus símbolos. A medida que afloraban tales recuerdos, Freud los relacionaba con el símbolo onírico, que podía ser un objeto o una persona. Este efecto de «retroceso en el tiempo» es como si un mago se sacara de la manga un pañuelo largo: aparecen multitud de recuerdos llenos de color.

Seguir un símbolo onírico hasta sus orígenes remotos es más fácil de lo que parece. Supongamos que sueñas con un trineo infantil. Piensa en la última vez que viste o subiste a un trineo. ¿Tuviste un trineo de niño? ¿Viste un trineo en el escaparate de una tienda? ¿Leíste algo sobre un trineo o viste un trineo rojo en una escena de una película?

Repasa lo que hacías, pensabas o sentías cuando te subiste a un trineo y comprueba si ese recuerdo conecta con lo que está ocurriendo ahora y si es algo que tiene alguna conexión con el sueño. Si algo encaja, examina cómo ese recuerdo puede arrojar luz sobre las circunstancias actuales relacionadas con el sueño.

EJEMPLO DE SUEÑO 1: EL COLOR AMARILLO. En su vida real, un hombre abandonó a su mujer. El último día de su estancia en la casa común, su mujer llevaba un vestido amarillo. Unos meses más tarde, los sueños del hombre empezaron a llenarse del color amarillo. El tono amarillo lo relacionó con el hecho de dejar a su mujer, y se convirtió para él en una conexión de pena y tristeza. Dado que los sentimientos negativos pueden atarte y llevarte a la depresión, el color amarillo se convirtió en un mensaje sobre cómo enfrentarse a su matrimonio o, al menos, a sus sentimientos. Para evitar la depresión, la bebida u otros comportamientos autodestructivos, los sueños repetidos con el color amarillo le instaban a hacer las paces con su mujer o a afrontar el dolor de la ruptura.

EJEMPLO DE SUEÑO 2: EL PARTIDO DE BÉISBOL. Un hombre de mediana edad soñó que jugaba al béisbol y marcaba un *home run* con un bate especial. Tomando el juego de béisbol como símbolo onírico, recordaba cómo le gustaba jugar al béisbol en su juventud y cómo había conseguido una alta media de bateo en los partidos del barrio. El hilo argumental le decía: «Algo que a alguien le encanta hacer se lleva a cabo utilizando una herramienta especial y trae el éxito».

Para este soñador de mediana edad, sus recuerdos sobre el béisbol eran asociaciones sobre hacer lo que amaba. Este recuerdo acerca de su pasado le llevó a admitir lo insatisfecho que estaba en el trabajo. En su opinión, hacía la mayor parte del trabajo en su empresa, pero recibía la parte más pequeña del pastel corporativo. Las frustraciones recientes le habían hecho soñar con la idea de utilizar su asombrosa habilidad para generar confianza con los clientes, a la hora de crear su propia empresa. El método de Freud, de examinar los recuerdos del pasado asociados a un símbolo onírico, había desenterrado sentimientos de satisfacción que una vez tuvo, jugando al béisbol. Esos recuerdos le impulsaron a volver a creer en sí mismo, como había hecho en su juventud. Juntando las piezas, el hombre dio el paso y montó su propio negocio, sin arrepentirse de nada.

Para Freud, un símbolo onírico es una imagen que nos refresca la memoria sobre algo de nuestro pasado, y esos recuerdos pasados de experiencias lejanas arrojan luz sobre un mensaje que se relaciona con el presente.

Cuanto más pruebes esta técnica, más te gustará.

- Elige un símbolo onírico que tenga un fuerte efecto sobre ti o que te desconcierte.

- Repasa los acontecimientos y sentimientos que tal símbolo evoca de tu pasado.

- Explora cómo esos recuerdos del pasado (como recuerdos directos o como metáforas), y el juego de palabras en torno a esos recuerdos, arrojan luz sobre un tema actual.

- Sigue retrocediendo en el tiempo hasta que algo del pasado haga clic y aporte significado al tema actual. Puede que el vínculo con el pasado no haga clic inmediatamente, pero existe un vínculo con el pasado.

CARL JUNG: LO QUE UN SÍMBOLO ONÍRICO SIGNIFICA EN EL PRESENTE PARA TI. Jung señaló que tus pensamientos actuales sobre un símbolo onírico también pueden contribuir a desentrañar el significado del sueño.

Si sueñas con un lago, en lugar de recordar una experiencia pasada en un lago, piensa en lo que un lago significa para ti ahora, en general. Puede que te vengan a la mente imágenes de relajación o de una escapada en vacaciones. O bien, ver a un atleta en sueños puede recordarte que vas al gimnasio, o puede relacionarse con el objetivo de mejorar tu salud.

Cualquier símbolo onírico puede tener dos asociaciones —una con el pasado y otra con la actualidad—, y vigilar ambas puede ser útil. Para profundizar en las ideas de Jung sobre los símbolos y los sueños, consulta sus memorias, *Recuerdos, sueños, reflexiones*. Aunque fascinante, no es una lectura ligera.

FRITZ PERLS: CONVERTIRSE EN EL SÍMBOLO DEL SUEÑO. El psicólogo Fritz Perls animaba a los soñadores a convertirse en un personaje o símbolo onírico. Este ejercicio puede dramatizarse colocando dos sillas frente a frente. Una silla representa al soñador, la otra al personaje del sueño, y tú te mueves de una silla a otra, representando cada papel. También funciona como diálogo escrito.

Aunque convertirse en el personaje de un sueño puede sonar a infantil o extraño, funciona, sobre todo en los sueños en los que la mente lógica no logra captar el mensaje. Como ejercicio lúdico y no intelectual, este enfoque permite que afloren pensamientos y sentimientos bloqueados. Al fundirte con un símbolo y abrir las puertas de tu inconsciente, puedes intuir las metáforas que escapan a la lógica. Cuando todo lo demás falle, o incluso como ejercicio divertido, prueba el método de Fritz Perl con un símbolo que no tenga sentido. Los resultados pueden sorprenderte.

EJEMPLO DE SUEÑO: ¿QUÉ HACE ESTA RATA EN MI SALÓN? Una divertida demostración de cómo convertirse en símbolo se produjo en un seminario.

A instancias de su novia, un importante jefe de una empresa asistió a una clase sobre sueños. Aunque se mostraba escéptico sobre la utilidad de los sueños, con talante de buen deportista, el hombre compartió su sueño sobre una rata arrogante.

En el sueño, él se sentía de lo más disgustado, porque una rata había invadido su salón, dejando un enorme agujero en la pared detrás de un hermoso sofá. Cuando intentaba ahuyentar a la rata, en el sueño, la criatura hinchaba el pecho y se plantaba en mitad del salón como si fuera la dueña del lugar. El sueño molestó y dejó perplejo al apuesto ejecutivo.

Convertirse en el símbolo funciona bien para un sueño que provoca sentimientos intensos, como la rabia que sentía este soñador. Después de colocar dos sillas en el centro de la habitación, frente a frente, el ejecutivo empezó a representar su papel: él contra la rata.

Preguntó: «Rata, ¿qué haces en medio de mi salón? ¿Cómo te atreves a ocupar mi espacio?». Se sentó en la otra silla, hizo una pausa para componer la respuesta del arrogante roedor y la expresión de su cara se transformó en una mirada de asombro.

Ante la curiosidad de los participantes, el presidente de la empresa se echó a reír y explicó lo sucedido. Como jefe de una empresa, estaba acostumbrado a salirse con la suya con los empleados, incluso cuando eso les incomodaba. En cuanto se sentó en la silla de la rata, el ejecutivo se dio cuenta de que la rata arrogante era él. Aunque el hombre no siempre estaba henchido de sí mismo, el sueño le invitó a darse cuenta de su arrogancia ocasional y a enfrentarse a ella.

Por suerte para el ejecutivo y gracias a su sueño, aquel hombre suavizó su actitud y mejoró su estilo de liderazgo.

CLAVES SOBRE LOS SÍMBOLOS PRESENTES EN LOS SUEÑOS. TODO LO QUE NECESITAS CONOCER

CLAVE 1 SOBRE LOS SÍMBOLOS ONÍRICOS: LOS SÍMBOLOS ONÍRICOS CO-MUNICAN COMO EN UN JUEGO DE CHARADAS. En el juego de salón *Charadas*, una persona representa en silencio una palabra o frase mientras los demás intentan adivinar lo que está representando. Como tal, *Charadas* es un juego de asociación «imagen-palabra». Por ejemplo, en *Charadas*, rodearse la oreja con la mano e inclinarse hacia delante como si se estuviera escuchando algo transmite el mensaje metafórico no verbal a los jugadores de que su palabra «suena como» otra palabra distinta. Del mismo modo, los símbolos oníricos hacen pantomima a partir de una metáfora visual. Los símbolos oníricos utilizan una imagen visual silenciosa para transmitir un mensaje relacionado. Una vez que te acercas a los símbolos oníricos como una pantomima lúdica, al estilo de las charadas, sus mensajes empiezan a hacerse manifiestos.

CLAVE 2 SOBRE LOS SÍMBOLOS ONÍRICOS: LOS SÍMBOLOS SON FRUTO DE UNA SELECCIÓN PRECISA. Un símbolo onírico puede parecer que se origina en una selección aleatoria. Una pregunta que la gente se hace a menudo es: «Ayer vi una camisa azul a rayas en el escaparate de una tienda y, luego, anoche soñé con ella. ¿Es tan solo una coincidencia?». La respuesta es no, no es una coincidencia. Tanto si la camisa azul es un recuerdo de ayer como si es un recuerdo de hace diez años, la psique la selecciona como un símbolo específico extraído de su almacén de recuerdos, para comunicar un mensaje concreto.

Por ejemplo, cuando el sujeto observa la camisa azul del escaparate, se le pasa por la cabeza que su jefe tiene una camisa parecida y se le ocurre que a él también le quedaría bien. Como en un efecto dominó, su observación le hizo pensar en la posibilidad de ascender. En ese instante la camisa azul se emparejó con sus ambiciones y se convirtió en un símbolo de la consecución del éxito. Una vez que pensó en su ascenso profesional y lo relacionó con la camisa del escaparate, el sueño en el que aparecía la camisa azul se convirtió en una señal de que estaba en el buen camino para llevar a cabo sus ambiciones. Así es como funcionan los símbolos oníricos y así es como se seleccionan: por sus asociaciones con tus pensamientos, sentimientos, recuerdos y experiencias.

Antaño, los sueños se consideraban minipelículas accidentales que, como un lapsus del inconsciente, aparecían sin previo aviso mientras dormías. Desde el punto de vista moderno, la mente aplica reglas predecibles para comunicar una idea, a través de un sueño y se esfuerza por transmitir un mensaje. La experiencia en el análisis de los sueños indica que la elección por parte de la psique de un símbolo para transmitir un mensaje es cualquier cosa menos aleatoria. Por fantástico que pueda parecerle a algunos, la selección de un símbolo onírico hace concordar tanto la parte emocional como la intelectual de un mensaje que se transmite. La mente sigue siendo el mejor ordenador de la historia.

CLAVE 3 SOBRE LOS SÍMBOLOS ONÍRICOS: LOS SÍMBOLOS SON LA GUINDA, NO EL PASTEL. Aunque a veces un símbolo puede constituir, en sí mismo, todo el mensaje del sueño, en la mayoría de los casos es el comparsa, no el protagonista. A menudo, el símbolo es la guinda del pastel que añade sabor y profundidad al sueño. Al igual que una imagen visual en 3D, un símbolo onírico es un vínculo entre una experiencia pasada y una circunstancia actual; un vínculo que, cuando se explora, abre perspectivas más profundas. Desempeñar un papel secundario no hace que un símbolo onírico sea menos importante. Después de todo, ¿qué es un pastel sin una capa de dulce?

CLAVE 4 SOBRE LOS SÍMBOLOS ONÍRICOS: PARA COMPRENDER MEJOR UN SÍMBOLO, DESCONECTA TU MENTE. En lugar de concentrarte en un símbolo onírico como si estuvieras haciendo un examen, cuando busques su significado, adopta una actitud lúdica. Un enfoque relajado te permite navegar hacia las partes creativas de tu propio cerebro, un estado creativo durante el cual los vínculos de experiencias pasadas que se relacionan con un símbolo pueden fluir.

CLAVE 5 SOBRE LOS SÍMBOLOS ONÍRICOS: LOS SÍMBOLOS Y LAS METÁFORAS QUE CREAN SON MENSAJES ÚNICOS E INDIVIDUALES. Los símbolos oníricos se seleccionan a partir de tu experiencia personal (tus recuerdos), para confeccionar un mensaje diseñado específicamente para ti, y solo para ti. Si has tenido un accidente de moto y más tarde sueñas con una moto, como la moto constituye una referencia al accidente, como símbolo onírico señala peligro, miedo o angustia. Sin embargo, si te has unido a un club de ciclistas y te encanta la camaradería de los paseos en grupo, soñar con una moto puede ser un mensaje sobre buenas conexiones, diversión y aventura. O bien, soñar con una margarita puede recordar a una mujer los campos en los que creció, como un mensaje sobre los primeros valores familiares. Sin embargo, un ramo de margaritas puede recordar a otra mujer las flores que vio en el escaparate de una tienda cuando era joven y que nunca pudo permitirse, como un mensaje sobre el sentimiento de privación. Aunque se trata exactamente del mismo símbolo —una margarita—, cada una recibe un mensaje diferente debido a sus recuerdos individuales que les provoca ese símbolo. Cuando reflexiones sobre los símbolos de tus sueños, confía en la experiencia y repasa tus recuerdos sobre el símbolo. Una vez que veas con qué facilidad una imagen onírica conecta con tu propia experiencia, comprender los símbolos oníricos será tan natural como entender el final de un chiste.

CLAVE 6 SOBRE LOS SÍMBOLOS DE LOS SUEÑOS: LOS SÍMBOLOS REFLEJAN TU MANERA DE COMUNICARTE. Presta atención a cómo te expresas. Si eres un comunicador educado, los personajes de tus sueños tendrán modales. Si eres poético y te gusta explayarte, las escenas y símbolos de tus sueños serán detallados y profusos. Una señora, en un grupo, durante el sueño, era escritora. Sus sueños eran una floritura en tres actos, con una introducción, una escena principal y una conclusión. El héroe de sus sueños era fácil de reconocer y sus tramas resultaban dignas de una producción de Hollywood. Los sueños de una contable que rara vez hablaba eran cortos y a menudo incluían números. Para saber más sobre cómo descifrar los símbolos de tus sueños, revisa la manera en la que te comunicas.

CLAVE 7 SOBRE LOS SÍMBOLOS ONÍRICOS: LOS SÍMBOLOS PUEDEN SER UN JUEGO DE PALABRAS O DE IMÁGENES. Como metáforas visuales, los símbolos a menudo implican juego y sentido del humor, como ocurre en los siguientes ejemplos:

- *Una foca nadando.* Las brillantes focas negras que dan volteretas en el agua pueden hacer referencia al sello de un sobre o ser un juego de palabras respecto a «sellar un trato»[1].

- *Un insecto* puede servir de metáfora sobre algo que te molesta.

- *Un reloj que sale* por la puerta es un símbolo visual de que el tiempo se acaba.

- *Una cabeza enorme* puede hacer referencia al engreimiento y al egoísmo.

---

[1] En inglés, «foca» se dice *seal*, que es la misma palabra que se emplea en ese idioma para «sello». De ahí el juego de significados que resulta imposible en español (*N. del T.*).

- *Un cuarto de baño* es una metáfora de un lugar donde limpiarse o buscar alivio.

- *Buscar un baño* puede significar querer liberarse o soltar basura.

- *Una casa o una habitación* pueden simbolizar oportunidades de crecimiento o nuevos horizontes.

- *Conducir* es una metáfora visual para aprender a maniobrar o para algo que te haga avanzar.

SÍMBOLOS ONÍRICOS COMPARTIDOS. UN SÍMBOLO PUEDE SIGNIFICAR LO MISMO PARA UN GRUPO DE PERSONAS

A VECES, LOS SÍMBOLOS ONÍRICOS PUEDEN TENER EL MISMO SIGNIFICA-DO PARA MUCHAS PERSONAS. Algunos símbolos oníricos evocan recuerdos similares en multitud de gente, como ocurre con la Estatua de la Libertad, como símbolo de libertad y de una nueva vida para los muchos que entraron en Estados Unidos como inmigrantes. Un símbolo compartido puede ser una bandera, que evoca patriotismo, o puede tratarse de un objeto específico, como el Big Ben; un reloj que evoca recuerdos culturales de Londres, Inglaterra; o puede ser una figura icónica como Superman, que es un símbolo de acción heroica. Estos símbolos colectivos o culturales tienen el mismo significado para todos los miembros de un grupo o sociedad. A medida que la electrónica amplía nuestro mundo, reconocemos y nos relacionamos con un número cada vez mayor de iconos y símbolos compartidos.

LOS SÍMBOLOS ONÍRICOS PERSONALES Y COMPARTIDOS PUEDEN INTERAC-TUAR. A veces, puede haber una interacción entre un símbolo individual y uno compartido. Por ejemplo, una cruz de oro en una cadena puede ser un símbolo personal, al ser un regalo de una abuela fallecida. En un sueño, puede recordarte que eres querido. Sin embargo, si sueñas con una cruz durante una crisis, como símbolo religioso compartido, la misma cruz puede señalar la necesidad de buscar fuerza en tus raíces espirituales.

EJEMPLOS DE SÍMBOLOS CON SIGNIFICADOS COMPARTIDOS. Aunque la mayoría de los símbolos oníricos se refieren a recuerdos individuales, es útil tener en cuenta algunas asociaciones comunes. Estos ejemplos describen estereotipos comunes que a veces entran en juego en el sueño de un individuo.

ANIMALES. Nos reímos de las fotos de personas que se parecen a sus mascotas, y en sueños, un animal es una caricatura conveniente, con los rasgos de una persona. Un gatito durmiendo puede aludir a una necesidad de descanso o poner de relieve una etapa de letargo en tu vida, un perro puede reflejar lealtad o amistad, un águila puede sugerir percepción aguda y un zorro puede indicar astucia.

COCHES Y OTROS VEHÍCULOS. Un coche puede, en ocasiones, representar tu cuerpo, ya que un coche, como tu cuerpo, es un receptáculo o vehículo que te lleva por la vida. Detectar problemas mecánicos en el coche puede ser un aviso que te indique que debes revisar tu salud, o para que hagas revisar tu coche. Ver un coche en movimiento, en un sueño, puede relacionarse con el hecho de alcanzar un objetivo o simbolizar la necesidad de llegar a algún sitio, o de avanzar. O soñar con un coche deportivo sexy puede representar el encanto emergente de un joven.

NIÑOS. Los niños en sueños pueden implicar toda una variedad de mensajes. Un niño pequeño puede representar inocencia o indicar un comportamiento inmaduro. Dado que un niño tiene un potencial ilimitado, pero requiere cuidados y atención, puede ser una metáfora sobre un nuevo proyecto u oportunidad que requiere un compromiso a largo plazo. La evolución del niño en el sueño puede aludir a la marcha de un proyecto en el que estás involucrado.

ROPA. Te cambias de ropa para adaptarte a tu estado de ánimo, al clima o para estar a la altura de los papeles que desempeñas en la vida, tales como un hombre de negocios bien vestido o un artista bohemio. Dado que las prendas reflejan tus actividades y emociones, la ropa, en sueños, suele simbolizar tus actitudes. Alguien tímido puede verse vistiendo un atrevido color rojo como una invitación a saltar a la palestra. Un abrigo pesado puede denotar la necesidad de sentirse protegido, mientras que un vestido ligero de verano puede expresar la necesidad que tiene un soñador estudioso de animarse.

LA MUERTE Y EL MORIR. Para muchos, la muerte es el mayor cambio al que podemos enfrentarnos y, por eso, la muerte en sueños suele ser un símbolo de cambio drástico. Como muchos de nosotros tememos a la muerte, las imágenes de muerte y destrucción también pueden relacionarse con miedos intensos. Aunque casi todos los sueños sobre la muerte son metáforas, en raras ocasiones, un sueño sobre la muerte puede ser una advertencia literal. Tales sueños suelen ser más intensos y literales en su contenido, y como advertencias, a menudo se repiten.

CARAS Y RASGOS. Partes del cuerpo como la cara, los brazos o los pies suelen estar relacionadas con tu actividad. Los dientes pueden relacionarse con la forma que tienes de comunicarse. Unos dientes podridos o cariados pueden indicar que hay que arreglar la comunicación. Una oreja puede relacionarse con los hábitos de atención, mientras que los pies y las piernas pueden hacer referencia a tu trayectoria en la vida. Puesto que el cabello y los pensamientos surgen de la cabeza, el pelo y el cuero cabelludo pueden simbolizar lo que se tiene en mente. Las llagas o bichos en el cuero cabelludo pueden ser una metáfora acerca de pensamientos dolorosos o negativos, o de actitudes que necesitan atención, o justifican un cambio.

DINERO, JOYAS, MONEDEROS, BOLSOS Y CARTERAS. Cuando el dinero, las joyas, los objetos de valor o un objeto que los contenga aparecen en un sueño, su presencia puede ser una pregunta simbólica sobre aquello que valoras en la vida. O bien, esas imágenes pueden invitarte a examinar tu actitud hacia tus posesiones materiales.

HABITACIONES Y LUGARES CONCRETOS. Soñar con una habitación o un lugar concreto puede referirse a lo que ocurre en esa habitación. Un aeropuerto puede hacer alusión a la necesidad elevarse por encima de un problema o reflejar un intento de alcanzar un objetivo. Una clave de tenis puede plantear cuestiones sobre cómo se juega al tenis o sobre cómo se «juega a la pelota» con los demás, como metáfora de la cooperación. Una cocina puede estar relacionada con los hábitos alimentarios o puede ser una metáfora de lo que estás cocinando en la vida. Soñar con un dormitorio puede hablar de relaciones, pasión o de necesidad de descanso.

7

LUCES, CÁMARA, ACCIÓN. LLEGANDO AL MENSAJE DE LOS SUEÑOS

CRUZANDO LA DELGADA LÍNEA DE UN ANÁLISIS DE LOS sueños.

Aunque el paso cinco de la Técnica de los Cinco Pasos del Sueño es el punto oficial en el que se llega al mensaje del sueño, a menudo el significado del sueño aparece durante los pasos dos, tres o cuatro. Eso es estupendo.

Pero, ¿y si llegas al quinto paso y aún no tienes ni idea de lo que significa el sueño? O, ¿qué pasa si crees que has descifrado el significado del sueño pero no te sientes cómodo respecto a qué hacer con él? ¿Cómo puedes estar seguro de que ese es el mensaje del sueño y cómo puedes aplicar una intuición con confianza?

Esta sección abarca ambas eventualidades: qué hacer si el mensaje sigue escapándosete en cuanto a interpretación y cómo utilizar un mensaje de forma práctica. El capítulo termina con cinco ejemplos de sueños reales, su significado y cómo se aplica el mensaje a la vida del soñador.

PASO 5. DECIDIR CUÁL ES EL SIGNIFICADO DE UN SUEÑO ES EL QUINTO PASO DE LA TÉCNICA DE LOS CINCO PASOS

CLAVE 1: COMPROBAR SI EL ZAPATO ENCAJA. Al principio, comprender el mensaje de un sueño puede ser como ir a comprar zapatos. Al recorrer las posibilidades que ofrece una zapatería, te fijas en lo que te llama la atención, te pruebas unos cuantos modelos y tallas, y luego ves lo que te queda bien.

Del mismo modo, encontrar el mensaje del sueño comienza como un ejercicio de «ir probando», a medida que se recorre la Técnica de los Cinco Pasos del Sueño. Empiezas por poner nombre a las emociones y a continuación creas un hilo argumental, vinculas ese hilo argumental a un área concreta de tu vida y por último examinas los principales símbolos oníricos.

A medida que recorres cada paso y los posibles significados que aporta, en algún punto del camino llegarás a un encaje previo.

CLAVE 2: SI, EN EL PASO CINCO, EL SIGNIFICADO DEL SUEÑO SIGUE RESUL-TÁNDOTE ESQUIVO, INTÉNTALO TODO DE NUEVO. En el quinto paso, debería haberte quedado claro el mensaje del sueño. Sin embargo, si el sueño sigue sin provocar un momento «ajá» claro, explora estas opciones.

VUELVE A INTENTARLO, OPCIÓN 1: UN NUEVO HILO ARGUMENTAL. Intenta poner palabras nuevas y diferentes a ese hilo argumental.

Dado que el hilo argumental es un ingrediente clave, su redacción en una sola línea y sacar su esencia deben dar en el blanco, o al menos deben acertar en la diana. El hilo argumental suele ser el punto conflictivo.

VUELVE A INTENTARLO, OPCIÓN 2: EL VÍNCULO SUEÑO-VIDA. A veces, el punto conflictivo se halla en cómo has relacionado el sueño con un área de tu vida. Aunque la mayoría de los sueños son sobre ti mismo, en algunas raras ocasiones un sueño puede ser sobre alguien cercano, como un amigo o familiar, un colega o incluso un asunto como un acontecimiento deportivo o un resultado político.

Intenta ampliar el alcance de la historia para que encaje en tu vida como una pieza de rompecabezas. ¿A quién o a qué situación «se parece» el argumento del sueño? Para enfocar el cerebro en dirección a opciones más amplias, echa un vistazo a los veintisiete tipos de sueños registrados por la autora en **INTERPRETADREAM.COM.**

VUELVE A INTENTARLO, OPCIÓN 3: SIGUE ADELANTE. Si jugar con varias versiones del hilo argumental no funciona, y relacionarlo con un área de la vida no produce un chasquido sobre el significado del sueño, deja el sueño a un lado durante unos días o semanas. A veces, el paso del tiempo te permite desempolvar una nueva perspectiva sobre un sueño desconcertante y, más tarde, te lleva al mensaje.

CLAVE 3: UTILIZANDO LAS PERCEPCIONES ONÍRICAS, LOS SUEÑOS CLAROS SIGUEN LLEGANDO. Debido a nuestros ajetreados ritmos de vida, incluso tu cónyuge o tu mejor amigo solo escuchan una pequeña parte de lo que realmente piensas y sientes. La excepción es tu psique, la parte de tu mente que es consciente de todo cuanto piensas, sientes y haces.

Al enviarte notas nocturnas sobre tus sueños, tu psique actúa como tu mejor amigo y como tu voz interior; cuando aplicas la intuición, reconoces su utilidad y los sueños siguen llegando. Si pides consejo a un amigo y luego lo ignoras, el amigo se calla. Lo mismo puede ocurrir con los consejos oníricos. Sin embargo, a diferencia de tu amigo, la psique no se rinde. A menos que decidas dejar de lado tus sueños, siendo como es tu voz interior, la psique repetirá un mensaje y reanudará el diálogo siempre que estés preparado.

CLAVE 4: GRABAR EL MENSAJE DEL SUEÑO CONSOLIDA UNA IDEA. Cuando tengas una interpretación que te convenza, graba el mensaje recibido junto con el sueño. La intuición puede invitarte a trabajar sobre una actitud, mejorar un talento, dar un paso adelante en tu carrera, arreglar una relación o revisar tus opciones sobre una decisión. Una intuición puede sugerirte que pienses antes de hablar o que investigues qué formación profesional está disponible para ti. Puede llegar el momento en que quieras revisar tus sueños, que podría ser años más tarde. Si anotas la intuición junto con el sueño, te alegrará descubrir en su momento las perlas que revelan tu progreso en la vida.

CLAVE 5: APLICA EL MENSAJE DE FORMA PRÁCTICA. A menos que te encuentres en una situación desesperada que justifique un consejo extremo, la guía que te ofrecen los sueños no suele ser de naturaleza drástica. Los sueños son relatos sobre tu vida y tú mismo, historias que transmiten ideas prácticas. Los mensajes que te envían son coherentes con tus creencias y tu estilo de vida, y pretenden guiarte hacia un cambio natural y positivo. Tanto si la narrativa de un sueño es divertida, como edificante o aterradora, la intención de su mensaje siempre es ayudar. Y lo que es más importante, el mensaje es práctico.

Por ejemplo, una escena sobre el fin del mundo no es una llamada a acumular comida y agua en un búnker, sino que su mensaje dice: «La vida, tal y como la conozco, se acaba», cosas que es un escenario habitual para los adolescentes que se adentran en la edad adulta. Y a menos que vivas en una zona proclive a los terremotos, estos son una gran metáfora de «tu vida se está poniendo patas arriba», un mensaje que aparece con frecuencia en los sueños de quienes atraviesan un divorcio o una crisis financiera inesperada.

No importa cuál sea la imagen o la historia, como pensamiento de tu interior, los sueños te ofrecen consejos realistas que deberían llevar mayor armonía, éxito y comprensión a tu vida, en lugar de perturbar esta misma.

CLAVE 6: LAS ESCENAS EXTREMAS TE DICEN ALGO. Puesto que se supone que los mensajes de los sueños son prácticos y positivos, la gente se pregunta por qué las escenas suelen ser drásticas. Las imágenes extremas aparecen por varias razones.

ESCENA EXTREMA, RAZÓN 1: NO ESTÁS ESCUCHANDO. Al igual que una llamada contundente a la puerta, los sueños a menudo exageran para llamar tu atención. A veces puede ser necesaria una escena intensa para que recuerdes un sueño.

ESCENA EXTREMA, RAZÓN 2: EL MENSAJE ES DE SUMA IMPORTANCIA. Cuanto más importante es el mensaje, más se esfuerza tu psique por llegar a tu consciencia. A veces, una escena extrema o aterradora equivale a un grito potente para señalar la importancia del sueño.

ESCENA EXTREMA, RAZÓN 3: UN TEMA DELICADO. El sueño puede abordar un tema delicado que te haga reaccionar. Cuanto más intensos sean tus sentimientos sobre un tema, más intentarás alejar el sueño. Este «efecto de alejamiento» equivale a ponerse gafas oscuras. Cuando ves un objeto o una escena a través de unas lentes oscuras, puede parecer aterrador, convirtiendo un sueño normal en imágenes que parecen más extremas. El sueño en sí mismo no causa miedo; sin embargo, tus reacciones ante el tema lo convierten en un episodio de miedo.

ESCENA EXTREMA, RAZÓN 4: MALINTERPRETAS LA INTENCIÓN DEL SUEÑO. ¿Has visto alguna vez la escena de una película en la que una mujer corre por un garaje, de noche, perseguida por una figura tenebrosa que le grita? La mujer está aterrorizada, pero cuando la figura tenebrosa la alcanza, descubre que es el vigilante nocturno con las llaves del coche que se le cayeron en la puerta al salir. Algunas escenas oníricas extremas son así: un malentendido sobre las intenciones del mensajero onírico y su mensaje.

CLAVE 7: LOS MENSAJES ONÍRICOS NORMALMENTE CREAN UN RITMO LENTO DE CAMBIO. Las percepciones de los sueños tienden a crear pequeños cambios en tus actitudes, personalidad o pasos profesionales. De vez en cuando, un sueño puede iniciar un gran cambio al presentarte una solución instantánea a un problema que te ha estado atormentando. Sin embargo, la mayoría de los cambios que provocan los sueños son tan imperceptibles como una flor que se despliega en elegante silencio. Apenas te das cuenta del efecto hasta que, un día, echas la vista atrás y observas un aumento de tu confianza, una mejora en las relaciones y una mayor satisfacción en el trabajo, que, si te fijas bien, podrías atribuir a la guía onírica.

CLAVE 8: CONFÍA EN TU ANÁLISIS. Confía en tu capacidad para descifrar tus sueños. Si quieres comparar el análisis de un sueño concreto, busca sueños similares que hayan sido analizados por expertos. En INTERPRETADREAM.COM puedes utilizar palabras clave para buscar en una biblioteca electrónica de sueños sobre una amplia gama de temas, o solicitar la opinión de un experto sobre un sueño poco habitual.

CINCO EJEMPLOS ONÍRICOS GRACIAS A LOS QUE SE PUEDE COMPRENDER UN SUEÑO

He aquí algunos ejemplos de sueños reales y de sus mensajes prácticos, obtenidos mediante la Técnica de los Cinco Pasos del Sueño. Soñadores de todo el mundo enviaron sus sueños por correo electrónico a la autora de **INTERPRETADREAM.COM**, solicitando la prueba gratuita que se ofrece en ese sitio web. Tales sueños resultan una muestra representativa de contenidos y temas. Observa que el hilo argumental es lo que guía e impulsa el enfoque del mensaje.

Ejemplo 1 de análisis de un sueño.
Un león ataca a tu cónyuge

Este sueño muestra un fuerte contenido emocional. Fíjate en cómo el final es una clave sobre cómo acaban las cosas.

LA SOÑADORA. Es una mujer, en un país africano, 32 años.

EL SUEÑO. Estamos sentados fuera en sillas. La silla de mi marido está frente a mí y él está sentado junto a mi tío. Veo que se acerca un león y les digo a mi tío y a mi marido que se muevan, pero no me hacen caso. El león ignora a mi tío, pero se abalanza sobre mi marido y ataca su cabeza. Mi tío intenta ayudarle, pero es en vano. Grito y busco un palo para golpear al león en la cabeza y hacer que se vaya. Mi marido está inconsciente, pero sobrevive. Veo otros leones que no nos hacen daño, pero sigo teniendo miedo.

PRINCIPALES PROBLEMAS EXISTENCIALES. El marido está enfermo y se teme por su negocio y su salud.

CÓMO ME SENTÍ. Asustada.

EL HILO ARGUMENTAL. Aunque amenazado en grado sumo, alguien consigue salvar la situación.

LOS SÍMBOLOS PRINCIPALES. Son:

EL LEÓN. Peligro; lo que asusta.

EL PALO. Un arma; lo que salva la situación.

EL MENSAJE. Ver leones a lo lejos refleja tus temores sobre la salud y los ingresos de tu marido. Dado que los leones en la distancia no te hacen daño, su negocio y sus ingresos irán bien. El ataque directo de un león a tu marido se relaciona con la ansiedad que te causa su enfermedad. Sin embargo, en el sueño, tú rescatas a tu marido y el león se marcha. Esto te indica que se recuperará. Conclusión: El final de un sueño suele mostrar cómo acaban las cosas. En tu sueño, su marido sobrevive porque acudes en su ayuda. Haz todo cuanto esté en tu mano y él se recuperará.

Ejemplo 2 de análisis de un sueño. Problemas de mensajes de texto

Observa cómo, en este sueño, las imágenes y las acciones se repiten. Las repeticiones muestran la sensación de urgencia que experimenta el soñador y un apremio tocante a los temas que aborda el sueño.

EL SOÑADOR. Adulto, 41 años.

EL SUEÑO. Estoy intentando enviar un mensaje de texto, un correo electrónico o llamar a alguien pero, por mucho que lo intento, no consigo pulsar los botones correctos de mi teléfono móvil. Mis dedos no encuentran los botones adecuados.

PRINCIPALES PROBLEMAS EN LA VIDA. Cambios en el trabajo y en la vida personal.

CÓMO ME SENTÍ. Frustrado.

EL HILO ARGUMENTAL. Los esfuerzos de alguien por conectar con los demás no consiguen resultados.

Son:

EL TELÉFONO. Una herramienta de comunicación.

NO CONSIGUES PULSAR LOS BOTONES CORRECTOS. Sugiere confusión y ansiedad.

LOS DEDOS NO RESPONDEN. Habilidades perdidas o acciones ineficaces.

EL MENSAJE. El sueño sugiere que la comunicación con los demás no funciona. De manera indirecta, da a entender que la mejor forma de resolver tu problema es volver sobre tus pasos y aprender a comunicarte, en lugar de seguir haciendo lo que estás haciendo.

CONCLUSIÓN. Quizá quieras replantearte cómo te comunicas y ver si tienes margen de mejora. Las imágenes sugieren que puede que te estés esforzando demasiado y que insisten en hacer lo que no es eficaz. A veces, menos es más. Guardar silencio y mostrar autocontrol puede a veces conseguir más que gritar o mantener largas conversaciones. Si tienes problemas para comunicarte, puede ser importante que te calmes.

Ejemplo 3 de análisis de un sueño.
Perseguido por un perro grande

En este sueño, todas las imágenes giran en torno al tema común de sentirse asustado y abrumado, que está luego presente en el hilo argumental de la historia.

EL SOÑADOR. Adolescente, 16 años.

EL SUEÑO. Estoy fuera de mi casa con mi madre, mi padre y mi hermana. Estamos haciendo una barbacoa y hace un día precioso. De repente, mi familia se queda paralizada, deja de hacer lo que está haciendo y todos se vuelven al interior de la casa, actuando como si fuesen robots. Yo soy la única persona que queda en el exterior. Cuando el cielo empieza a oscurecerse, intento entrar en casa, pero siento como si la gravedad me retuviera y no pudiera moverme. Caigo al suelo y comienzo a arrastrarme. Mientras me arrastro, un enorme perro negro sale del patio trasero. A medida que el perro se acerca, me arrastro más rápido, pero la puerta principal parece alejarse de mí. Intento gritar, pero no me sale ningún sonido. El perro se me acerca, pero no puedo moverme. Me detengo y, cuando miro en dirección al perro, lo tengo ya encima y me despierto.

PRINCIPALES PROBLEMAS EN LA VIDA. El estrés de la escuela y la mala situación que me rodea.

CÓMO ME SENTÍ. Asustado.

EL HILO ARGUMENTAL. Alguien se siente vulnerable y tiene problemas para seguir adelante.

SÍMBOLOS PRINCIPALES. Son:

BARBACOA FAMILIAR. Reuniones felices con los seres queridos.

NO PUEDO MOVERME. Sentirse atascado.

UN GRAN PERRO NEGRO. Lo que se percibe como una amenaza; lo que asusta.

NO PUEDO GRITAR. No tener voz, no sentirse escuchado.

EL MENSAJE. Querer gritar y no poder hacerlo sugiere que sientes que no tienes voz en la vida y que puedes tener problemas para comunicar lo que necesitas y lo que quieres. Huir del perro indica que te sientes vulnerable y abrumado. Puede ayudarte el hablar con un familiar o un consejero que te dé claves sobre cómo crear mecanismos para afrontar, para manejar los retos diarios de la vida.

CONCLUSIÓN. A los dieciséis años, la vida puede parecer intensa, misteriosa y abrumadora, pero con el tiempo, serás capaz de resolverlo.

Ejemplo 4 de análisis de un sueño. El tatuaje en el brazo

Cuando en un sueño se ve algo nuevo, diferente y sorprendente, tal como ocurre en este sueño, suele ser una invitación a hacer algo nuevo o a adoptar una nueva perspectiva. En el sueño, el símbolo central desempeña un papel clave a la hora de descifrar el mensaje.

EL SOÑADOR. Hombre, 29 años.

EL SUEÑO. En la vida real no tengo tatuajes; sin embargo, soñé que tenía un tatuaje en el antebrazo izquierdo. La imagen era una figura divina y yo me sentía molesto y confuso, y me preguntaba cómo había llegado eso hasta ahí. Al observar más de cerca, me di cuenta de que la figura divina sostenía una lanza.

PRINCIPALES PROBLEMAS DE LA VIDA. Reconocimiento, sentirse subestimado. La gente tiende a olvidarse de mi presencia, sobre todo en el trabajo.

CÓMO ME SENTÍ. Molesto.

EL HILO NARRATIVO. Alguien se sorprende al ver un objeto visual inesperado colocado permanentemente en un lugar personal y visible para los demás.

SÍMBOLOS PRINCIPALES. Son:

TATUAJE. A menudo, es un símbolo machista. También puede ser una forma de resaltar creencias o fortalezas personales, y de hacerlas visibles a los demás.

LA IMAGEN DE UN DIOS. Símbolo de espiritualidad y creencias más allá de uno mismo.

LA LANZA. Herramienta de supervivencia. También es un símbolo de la masculinidad.

EL MENSAJE. El símbolo de un dios en forma de tatuaje sugiere que la respuesta para encontrar tu fuerza y hacerte más visible puedes encontrarla definiendo tu camino espiritual y dando a conocer mejor tus creencias a los demás. Una lanza es el arma de un guerrero. La imagen insinúa que puedes tener problemas relacionados con la autoafirmación y la necesidad de hablar claro.

CONCLUSIÓN. Las personas que conectan con algo más grande que ellas mismas, como Dios y las creencias espirituales, tienden a tener más confianza en sí mismas. Como resultado de su confianza, adquieren más presencia en un grupo. El sueño sugiere que definir tu espiritualidad te ayudará a ganar fuerza y confianza, lo que a su vez puede ayudarte a afirmarte de forma constructiva, de modo que ya no te sientas invisible para los demás.

Ejemplo 5 de análisis de un sueño.
Mis hermanos intentan matarme

Muchos sueños parecen ilógicos e inconexos, tal como ocurre con este, con personas inesperadas que aparecen de la nada y giros de 180º en la trama. Empezar el análisis buscando el hilo argumental permite unificar lo que ocurre y no distraerse con los cambios repentinos de imágenes.

EL SOÑADOR. Mujer, 43 años.

EL SUEÑO. Mis hermanos intentaban matarme en las proximidades de mi apartamento. Escapé de ellos, llegué a casa, puse a mi novio discapacitado en una silla de ruedas y llamé al número de emergencias. Les dije que el diablo estaba allí, que el diablo había venido para matarme. Mientras hablaba por teléfono, salí corriendo calle abajo. Llegó la policía, me recogió y volvimos a mi apartamento. Mi novio no resultó herido y yo me encontraba bien.

PRINCIPALES PROBLEMAS EN LA VIDA. Familia, problemas con los hermanos y desafíos laborales.

CÓMO ME SENTÍA. Atemorizada.

EL HILO ARGUMENTAL. Aunque está siendo atacado, alguien a sus seres queridos, así como su propia integridad.

SÍMBOLOS PRINCIPALES. Son:

CORRIENDO. Se está sufriendo un ataque.

INTENTANDO MATARME. Metáfora de sentirse amenazado, o de que otros intentan imponer sus puntos de vista a otro o forzar un cambio en el soñador.

LLAMAR AL 911. Buscar ayuda de forma tradicional; poner la ley de tu parte.

LLEGA LA POLICÍA. Se restablece la ley y el orden, recuperar la propia capacidad.

EL MENSAJE. Los sueños exageran para dar a entender algo, por lo que los ataques probablemente simbolizan las peleas verbales que es muy posible que estén teniendo lugar durante las rencillas familiares. Correr indica que las peleas familiares te hacen sentir vulnerable. Sin embargo, el final del sueño muestra que todo acaba bien. El final indica que serás capaz de manejar los desafíos a los que te enfrentas y prevalecerás.

CONCLUSIÓN: Haz lo que sabes que es correcto y todo saldrá bien.

8

CLAVES AVANZADAS PARA EL ANÁLISIS DE LOS SUEÑOS

DEMOS UN SALTO EN LO QUE A COMPRENSIÓN DE LOS sueños se refiere. Como con cualquier otra habilidad que domines, cuanto más experto te hagas en esta, más te darás cuenta de hasta qué punto se puede aplicar o expresar esta herramienta. Eso es algo que ocurre también con la interpretación de los sueños. A medida que estableces un diálogo con tu psique y te sientes más cómodo con los mensajes que recibes, empiezas a darte cuenta de más cosas. Algunas percepciones pueden resultar divertidas, como por ejemplo darte cuenta de que tu psique tiene sentido del humor y de vez en cuando incluye un chiste en el mensaje de un sueño. Otras pueden ser sorprendentes, como descubrir que tu psique empieza a «enseñarte» a entender tus sueños, a semejanza de las señales privadas que una pareja intercambia en silencio, en una habitación llena de gente. A medida que empieces a disfrutar del deporte de entender tu vida a través de los sueños, tu comprensión de los sueños se irá ampliando. Como un campeón olímpico, flexionas tus músculos y te sumerges a mayor profundidad. Aunque este capítulo no puede abarcar la gama completa de temas avanzados o de preguntas sobre el análisis de los sueños, ofrece algunas ideas que deberían satisfacer incluso a los más atrevidos. Disfruta de ello.

CLAVES AVANZADAS PARA EL ANÁLISIS DE LOS SUEÑOS

CLAVE AVANZADA Nº 1. A menudo se encuentran consejos al final de un sueño. Aunque un sueño al completo puede producir ideas, las sugerencias específicas sobre qué hacer en el futuro suelen aparecer al final. Comprueba cómo termina un sueño para ver qué es lo que pueda sonar como un consejo.

EJEMPLO DE SUEÑO. La tarántula y el guardia. Ante los rumores de que su empresa estaba reduciendo personal, un joven temía perder su empleo. Soñó que estaba en una estación de tren, tumbado en medio de las vías, mientras los trenes pasaban sin causarle daño. Mientras estaba tumbado tranquilamente sobre una manta blanca, le llamó la atención una enorme tarántula negra que había sobre su cabeza. Sintiéndose asustado y en peligro, el hombre corrió en busca de ayuda. Encontró a un guardia y le señaló la tarántula. Mientras miraban, pasó un tren y aplastó a la tarántula. El guardia se volvió hacia el joven y le dijo: «Ya no hay problema», y se marchó. Al final, el peligro desapareció tan repentinamente como había llegado. El final sugería que, a pesar de los rumores de reducción de personal, el trabajo del joven estaba a salvo y no corría peligro.

Fíjate en las imágenes finales de un sueño. Si ves a alguien en medio de una terrible tormenta y, sin embargo, encuentra un refugio seguro, todo irá bien. O supongamos que presencias un accidente de coche, que podría ser una metáfora de un enfrentamiento o una pelea importante con un ser querido. Si al final del sueño, nadie resulta herido y todo va bien, sea cual sea el desacuerdo, se restablecerá la paz.

CLAVE AVANZADA Nº 2. Indicadores de tiempo en los sueños: ¿Cuándo ocurrirá algo? Los sueños a menudo reflejan probabilidades, y un sueño PES ocasional te puede ofrecer una visión del futuro. Sin embargo, estos sueños rara vez especifican cuándo tendrá lugar un acontecimiento. Los indicadores de tiempo en los sueños son raros, pero si aparecen, el momento predicho tiende a ser exacto.

Por ejemplo, una mujer sueña con encontrarse con su verdadero amor. La primera pregunta que se le viene a la cabeza es «¿Cuándo?», y la respuesta es que nadie lo sabe. Puede que se cruce con su futuro amor dentro de unos meses o de unos años; a menos que un sueño te proporcione un indicador temporal, no hay forma de que lo sepa. Un ejemplo de indicador de tiempo sería un sueño sobre una boda, que mostrase a una amiga actual de la novia como dama de honor. En el sueño, la dama de honor acaba de cumplir treinta años, lo que indica a la futura novia que se casará cuando su amiga cumpla treinta años. O bien, un indicador de tiempo puede mostrar la fecha en un anuncio de boda. Aunque es poco frecuente, mantente atento a los indicadores de tiempo en sueños.

CLAVE AVANZADA Nº 3. Las palabras pronunciadas en sueños suelen ser literales. Los sueños son metáforas visuales pero, paradójicamente, cuando se pronuncian palabras en sueños, su significado suele ser literal. Si un familiar te dice que vayas al médico, debes pedir una cita. Si un amigo con el que hace tiempo que no hablas te dice en sueños «necesito ayuda», verifica qué está ocurriendo. Si sueñas que operan a alguien y después el médico dice: «Asunto solucionado», tu ser querido o tú mismo os recuperaréis. Supone que te sientes desanimado en tu carrera profesional y sueñas que tu jefe te da la mano y te dice: «Enhorabuena por tu ascenso». Es posible que quieras trabajar duro y perseverar.

CLAVE AVANZADA Nº 4. Los sueños suelen mostrar alguna lógica. Aunque muchos sueños puedan parecer inconexos, estos pueden demostrar una gran cantidad de lógica a medida que desvelan un problema o preocupación. Cuando un sueño contiene varias escenas o partes, fíjate en si puedes detectar una lógica secuencial. Por ejemplo, la primera parte puede exponer el problema, la siguiente puede hablar de lo que has hecho al respecto o de lo que no ha funcionado, y las últimas partes pueden recomendar puntos a tener en cuenta o direcciones a seguir para resolver el problema.

CLAVE AVANZADA Nº 5. Las personas mayores a menudo sueñan con sus días más jóvenes. Quienes tienen la suerte de llegar a los ochenta y noventa años en buena forma, a menudo describen sueños en los que reviven los días de su juventud. Estos sueños suelen representar escenas exactas de la infancia o de los primeros años, con todo lujo de detalles.

A veces, estos sueños de antaño contienen un mensaje. En otras ocasiones, simplemente, reproducen momentos maravillosos, recuerdos entrañables o escenas de dolor y trauma olvidadas hace mucho tiempo. A medida que pasan los años, la mente vigil se sumerge en el pasado con más frecuencia y, a medida que envejecemos, esos pensamientos retrospectivos se reflejan en nuestros sueños.

Los datos sobre anécdotas que nos dan las personas mayores sugieren que los sueños sobre su pasado no son angustiosos. Revisitar los recuerdos de juventud suele reconfortar y elevar el ánimo. Estos sueños de los primeros años también pueden ser una forma de prepararse, muy lentamente, para una nueva y eterna aventura.

SUEÑOS EN SERIE. SUEÑOS QUE SE PRODUCEN EN SERIE

Detectar sueños que llegan en grupo o en secuencia indica que has dado un giro en el dominio del análisis de los sueños. Respira hondo y observa los patrones que puedes encontrar en tus sueños.

Como si estuvieras viendo una serie de televisión, busca sueños repetitivos que contengan historias similares o símbolos que se repitan. Puedes tener una serie de sueños sobre el mismo tema durante una sola noche. O pueden producirse varios sueños con la misma historia a lo largo de días, semanas o meses. Incluso es posible que captes símbolos o trasfondos que se repiten una y otra vez. Toma nota. Cada vez que un argumento, un símbolo o un elemento de base se repite en un sueño, tu psique está haciendo horas extras para llamar tu atención. En tus manos está averiguar por qué.

LO ESENCIAL DEL SUEÑO AVANZADO

Deja que tu psique te guíe hacia la comprensión de los sueños, cuando llegue el momento. Como una flor que se despliega o un roble que crece fuerte y alto, siempre es buena idea dejar que la comprensión de los sueños avance a un ritmo natural.

9

PESADILLAS Y SUEÑOS ATERRADORES. LOS SUEÑOS ESPANTOSOS SON TUS AMIGOS

INCLUSO LAS PESADILLAS TIENEN UN PROPÓSITO ÚTIL. UNA pesadilla es algo fácil de reconocer. Te despiertas con una variedad de sensaciones, que van de un susto leve a un terror tan grande que te pueden levantar gritando. Sin embargo, incluso los sueños que te espantan son útiles. El tema de un sueño puede contener un mensaje tan serio como intenso. Y, sin embargo, el mensaje procede de una fuente amistosa —tu propia psique—, que tiene por propósito el ayudarte y apoyarte. Por muy serio o aterrador que sea el tema del sueño, la comunicación que establece tu psique es un intento de ayudarte a resolver el asunto o a superar una situación difícil.

POR QUÉ UN SUEÑO SE CONVIERTE EN PESADILLA. La mayoría de las pesadillas no son más que espejos de tus miedos y ansiedades internos. Paradójicamente, como explican las siguientes razones, son esos mismos miedos y ansiedades los que «convierten» un sueño, por lo demás benigno, en una pesadilla.

Piensa en un sueño como en un carruaje que transporta una idea necesaria sobre un problema importante; el carruaje no es más que un vehículo para el mensaje útil. Sin embargo, el tema del sueño te aterroriza. Podría tratarse de una relación que fracasa o de una carrera profesional que se desmorona. Debido al terror que sientes, mientras ves acercarse el carruaje, las sombras de tus miedos hacen que el carruaje te resulte aterrador. No te das cuenta de que el carruaje es conducido por tu psique, que se acerca a ti como un amigo y solo quiere ayudar.

Una forma de enfrentarse a la ansiedad o el miedo es distanciarse de ellos; alejarlos. Es una reacción normal. Sin embargo, el mero hecho de distanciarse de un tema aterrador, que pueda abordarse en un sueño, es lo que «transforma» una imagen onírica normal en otra aterradora. Es como un plato sabroso que se cuajase, y tu miedo es el que cuaja el plato del sueño.

SOLO EXISTEN LOS SOÑADORES ASUSTADOS. Aunque es natural huir de lo que nos asusta, el propio acto de hacerlo es lo que a menudo crea una pesadilla. Por eso, una forma de enfrentarse a la mayoría de las pesadillas es decirse: «No hay sueños que causen miedo, solo soñadores asustados». Si pudiéramos dejar de lado todos nuestros miedos, habría pocas pesadillas o sueños aterradores.

QUÉ ES LO QUE PROVOCA LAS PESADILLAS. El estrés, desde el leve al grave, suele ser la principal causa subyacente de la mayoría de los sueños aterradores.

- *Estrés diario.* El estrés diario que acelera tus sentimientos es la razón más común que se encuentra detrás de una pesadilla.

- *Miedo y ansiedad fuera de control.* Como una rueda que gira sin control, las emociones negativas pueden desequilibrar tus percepciones y provocar pesadillas.

- *Disonancia emocional.* El tira y afloja diarios entre sentimientos u opciones contrapuestos se denomina «disonancia emocional». Si tomar una decisión te parece tan desagradable e imposible que ninguna opción posible parece la correcta, la presión puede llevarte al límite.

Esta forma de ansiedad extrema, relacionada con elecciones difíciles o imposibles, suele provocar pesadillas.

- *Desequilibrio físico o mental.* Afecciones como la fiebre o la depresión pueden producir pesadillas. Cuando la afección pasa, las pesadillas pueden desaparecer.

- *Sucesos traumáticos.* Las pesadillas repetidas pueden producirse después de un acontecimiento doloroso que te haga sentirse vulnerable, como, por ejemplo, la pérdida de un ser querido o de una casa tras un desastre natural. A medida que la psique trata de digerir el dolor, la mente puede reproducir el suceso en forma de pesadilla. Tales sueños son el intento de la psique de digerir los sentimientos dolorosos mientras uno duerme. A medida que la persona se cura y aumenta sus habilidades de afrontamiento, los malos sueños disminuyen y acaban desapareciendo.

- *Las pesadillas de aquellos que tienen un temperamento artístico o sensible.* Las personas muy sensibles y creativas sintonizan más profundamente con el dolor y el sufrimiento del mundo y, como consecuencia de ello, suelen tener pesadillas. En un seminario, un hombre compartió sus pesadillas recurrentes sobre escenas de guerra y cuerpos destrozados, a pesar de que llevaba una vida normal y trabajaba como conductor de autobús. Profundizando, empezó a darse cuenta de que sintonizaba con el dolor cotidiano que veía en los rostros de sus pasajeros. Ser testigo de su angustia provocaba en su sensible corazón una indigestión emocional, que experimentaba en forma de frecuentes pesadillas.

- *Estrés traumático.* Las personas que padecen un trastorno de estrés postraumático, como los veteranos de guerra o las víctimas de violación, pueden tener pesadillas cuyo contenido y estructura difieren de los de las pesadillas normales. Experimentar formas extremas de trauma puede producir pesadillas más graves y que alteran los ciclos del sueño, cosa que las pesadillas normales no hacen. Mientras investigaba las pesadillas de los veteranos de combate, creé historias para conciliar el sueño, como una ayuda que intenta restaurar sus ciclos normales de sueño. Los detalles están disponibles en **INTERPRETADREAM.COM**.

LOS TRES TIPOS DE PESADILLAS

Al igual que ocurre con otros sueños, las pesadillas pueden distinguirse por su origen y finalidad. Las más comunes tienen que ver con tu lucha por crecer en carácter y personalidad. Unas pocas tienen que ver con temores vitales concretos, y aún son menos las que predicen acontecimientos trágicos reales.

Tipo 1. La pesadilla más común

UNA PESADILLA QUE DESVELA UN RASGO NEGATIVO DE TU CARÁCTER. Enfrentarse a una verdad desagradable sobre uno mismo nunca es fácil. Todo el mundo pasa por alto defectos como la ira, la estupidez o el fracaso en algo, y nadie quiere enfrentarse a una debilidad. El resultado es que, cuando un sueño te muestra un rasgo que no concuerda con tu imagen de «soy genial», tu reacción normal es decir: «Ese no puedo ser yo». En términos coloquiales, tales pesadillas ponen al descubierto tus puntos ciegos, lo cual resulta una experiencia desagradable para todos.

Por ejemplo, un hombre tuvo una pesadilla en la que un toro enfurecido embestía contra su tienda de comestibles y se preguntaba si el sueño era una advertencia de que los vándalos pronto asaltarían su local. Como la mayoría de los sueños tienen que ver con uno mismo —el soñador—, llegó a la conclusión de que el toro era una metáfora de su mal genio en el trato con los empleados. Verse a sí mismo como un toro fuera de control no le resultó fácil, pero la imagen produjo el efecto deseado. El hombre suavizó su actitud y, como resultado, el ambiente en el supermercado se relajó y, además, sus ventas mejoraron.

Cuando una pesadilla actúa como espejo de un rasgo no tan bueno, te invita a crecer hacia una versión mejor de ti mismo. Tras un «ay» inicial, te das cuenta de que el sueño es un aliado, que te ayuda a corregir lo que podría causarte problemas más adelante.

Tipo 2. Un sueño aterrador que te encuentras con menos frecuencia

SUEÑOS ATERRADORES QUE RETRATAN MIEDOS REALES Y ESPECÍFICOS.

Una de las funciones del sueño es la de procesar las emociones. Cuando un miedo se nos escapa de las manos, una pesadilla relacionada con ese miedo es el equivalente a la válvula de seguridad de una olla a presión que permite que salga el vapor caliente. En este caso, la experiencia de sufrir una pesadilla, en sí misma, se convierte en una válvula de escape para los sentimientos que explotan.

Actuando como un sistema de digestión emocional, las pesadillas de procesamiento del miedo te permiten experimentar un temor en forma de imagen externa que tu mente puede examinar y etiquetar. Una pesadilla de «verlo, nombrarlo y etiquetarlo» te ayuda a digerir el miedo y, como resultado, lo que te tenía atado empieza a desanudarse. Estas pesadillas se ocupan de los miedos reales, pieza a pieza, hasta que desaparecen. Puedes encontrarte con que vives una secuencia de pesadillas durante una época de enormes desafíos, tales como un divorcio o la pérdida repentina de un ser querido. Entonces, un día, llega una mañana en la que sientes una sensación de paz. No sabes por qué te sientes mejor, pero sabes que has dado un giro de 180 grados. Tu sistema de digestión de los sueños —que experimentabas como pesadillas— ha hecho su trabajo.

Las pesadillas relacionadas con miedos reales tienen una ventaja. Un mal sueño relacionado con un tema doloroso puede incluir una idea sobre cómo manejar lo que te asusta. Una mujer soñaba una y otra vez con una joven aterrorizada que se acercaba al borde de un estanque negro y turbio, en mitad de la noche. Cuando está a punto de caer en las profundas aguas negras, ve una luz a lo lejos y se da cuenta de que esa luz puede llevarla a un lugar seguro. Al discutirlo, esas imágenes le trajeron recuerdos del terror que sentía la soñadora por haber sido violada cuando era niña. La luz en la distancia le hizo darse cuenta de que podía resolver el dolor no expresado que había estado supurando durante años. Gracias a la metáfora del sueño de una luz lejana como lugar de seguridad, la soñadora se dio cuenta de que necesitaba un consejero que pudiera ayudarla a afrontar los restos emocionales de su trauma infantil.

Tipo 3. Advertencias reales. Un tipo poco frecuente de sueño aterrador

LOS SUEÑOS ATERRADORES COMO VERDADERAS ADVERTENCIAS. La mayoría de los sueños aterradores están relacionados con el estrés y unos pocos pueden lidiar con tus miedos reales, mientras que un minúsculo porcentaje pueden resultar advertencias reales sobre algo funesto. Las pesadillas pueden advertirte sobre la posibilidad de una tragedia real que puede implicar la muerte, una enfermedad grave o un desastre natural, ya sea en tu propia vida, en la de alguien de su entorno o en la de su comunidad. Aunque a veces son advertencias sobre asuntos menos graves.

SUEÑOS MENOS APREMIANTES, PERO QUE SON VERDADERAS ADVERTENCIAS. Antes de examinar los sueños aterradores que *son* advertencias funestas, echemos un vistazo a los sueños que abordan cuestiones que no ponen en peligro la vida, pero aun así son urgentes. Por ejemplo, un sueño puede avisarte de que tus palabras han tenido un impacto hiriente en los sentimientos de otra persona y has pasado por alto es hecho y, al tratarse de un tema doloroso, se envuelve en imágenes aterradoras. O bien, un sueño puede avisarte de lo que ocurrirá si sigues comiendo tres postres al día; ver qué aspecto tienes, en un sueño, con quince kilos de más, puede ser bastante aterrador. O bien, un sueño aterrador puede destapar un tema, como una relación desagradable, que has dejado aparcado y que ahora necesita atención. Dado que estas cuestiones menos urgentes se refieren a temas que te provocan ansiedad, el sueño de advertencia puede seguir experimentándose como una pesadilla. Estos sueños de advertencia no tan graves tratan temas intensos que no ponen en peligro la vida, pero que, aun así, pueden impactarte con intensidad.

EJEMPLO DE SUEÑO: UN SUEÑO ATERRADOR SOBRE UN TEMA NORMAL: MI HIJA TIENE UN ACCIDENTE DE COCHE. Una madre soñó que su hija tenía un accidente de coche y, desde la distancia, veía cómo la llevaban al hospital. Después, un médico le anunciaba que su hija estaba bien. El sueño le resultó tan intenso que la madre se despertó aterrorizada, temiendo por la seguridad de su hija. La madre habló de su sueño en una conferencia. Una conversación sacó a relucir cómo, en el momento del sueño, su única hija le anunciaba que estaba a punto de mudarse porque su nuevo marido había sido trasladado a un trabajo situado a miles de kilómetros de distancia. Como madre e hija nunca habían vivido a más de unas calles de distancia, la madre sufrió una pesadilla que registraba su conmoción y angustia ante la noticia. No había ocurrido nada terrible. La pesadilla simplemente registraba la reacción de la madre ante la repentina e inesperada noticia de que iba a verse separada de su hija.

UNA PESADILLA COMO VERDADERA ADVERTENCIA SOBRE UNA TRAGEDIA POTENCIAL. Aunque es algo extremadamente raro, una pesadilla puede ser una advertencia sobre una tragedia real, lo que es un tipo de sueño PES, como ocurrió en el siguiente ejemplo.

EJEMPLO DE SUEÑO. UNA PESADILLA COMO UNA VERDADERA ADVERTEN-CIA: MI HIJA SUFRE UN ACCIDENTE DE COCHE. Otra madre tuvo varios sueños que mostraban a su única hija adolescente entrando en un coche con amigos, y luego veía el coche involucrado en un accidente mortal. Cada vez que tenía el sueño, se debatía entre hablar con su hija sobre la conducción segura y sus amigos adolescentes, pero decidió no hacerlo. Por desgracia, los sueños repetitivos resultaron ser una advertencia real y perdió a su única hija. Al conocer a esta mujer en un seminario, me maravilló la soltura con la que la madre había decidido aprender sobre los sueños y utilizar las futuras advertencias para beneficiarse a sí misma y sus seres queridos. Eso es algo que requiere mucho valor.

Solo la providencia divina puede saber si una tragedia, presagiada en un sueño, puede evitarse. Sin embargo, independientemente de cómo resulte el acontecimiento predicho, estas pesadillas de advertencia real tienen un propósito constructivo. Por un lado, dan tiempo al soñador para fortalecerse y amortiguar el impacto del acontecimiento real, si es que este llega a producirse.

Por otro lado, según las historias que se intercambian en los círculos de estudiosos de lo onírico, estos sueños de advertencia pueden, en ocasiones, evitar el peligro real.

Las verdaderas advertencias oníricas sobre acontecimientos funestos son extremadamente raras. Se caracterizan por repeticiones, emociones intensas y detalles literales.

Para conocer más ejemplos de pesadillas y sueños aterradores de todo tipo, echa un vistazo a la biblioteca electrónica de sueños en la web INTERPRETADREAM.COM, donde se pueden buscar por palabras clave.

10

LA GENTE QUE APARECE EN SUEÑOS. ¿EN QUÉ OCASIONES RESULTAN SER ESPEJOS DE TI MISMO?

LAS PERSONAS DE TUS SUEÑOS. YA SEAN UN FAMILIAR, UN amigo, un desconocido o alguien rico y famoso, cada uno de ellos te transmite un mensaje único.

UN PERSONAJE ONÍRICO ES COMO UN ESPEJO: TAN SOLO TE VES A TI MISMO

El propósito más común de la aparición de una persona, durante los sueños, es reflejar tu propio comportamiento y rasgos.

EJEMPLO DE SUEÑO: MI HERMANA SE PORTABA MAL. Una mujer soñó que su hermana sufría una rabieta. En la vida real, su hermana era capaz de tener una o dos grandes explosiones temperamentales. La soñadora se dio cuenta de lo insensible que parecía su hermana en el sueño, mientras escupía palabras venenosas y, de repente, recordó la pelea verbal que ella misma había tenido con un compañero de trabajo el día anterior. Se dio cuenta de que la escena del sueño la describía a ella, no a su hermana. Aunque normalmente era alguien profesional y constructiva, el día anterior había perdido la calma y su sueño reflejaba cómo se había mostrado ante sus compañeros de trabajo. El sueño le hizo darse cuenta de que una palabra amable habría contribuido mucho más a resolver la situación que un enfado. Cuando veas que alguien se comporta mal en un sueño, respira hondo y confiesa. Al final, la mayoría de las personas con las que sueñas representan rasgos de ti mismo.

PARA VER SI UNA PERSONA EN UN SUEÑO ES UN ESPEJO DE TI, JUEGA AL «DOS MÁS DOS»

Una persona, en sueños, es como un espejo de ti mismo. «Proyección» es un término psicológico que describe lo fácil que es ver en los demás lo que uno oculta de sí mismo. Por ejemplo, el conductor en la autoclave que entra y sale de los carriles, gritando a los demás por ir demasiado despacio o por conducir por el carril equivocado. Se da cuenta de los malos hábitos de conducción de los demás, pero no ve los suyos. A eso se le llama proyección. En lugar de fijarse en sus propios defectos, se fija en los de los demás.

La mayoría de la gente odia tener que admitir sus defectos, tales como tener mal carácter, comer o beber demasiado, o no estar a la altura de sus ideales. Al alejar a tu conveniencia las imágenes negativas de ti mismo en un sueño, dejas que un actor «te sustituya» para mostrarte el comportamiento negativo que te ocultas a ti mismo. Para distanciarte aún más de la persona imperfecta a la que no quieres reconocer como tú realmente, el doble adopta la apariencia de un familiar, un amigo o un desconocido.

Para explorar cómo una persona de tus sueños puede reflejarte, prueba este ejercicio. Se llama el juego «Dos más dos» porque seleccionas dos cualidades y dos defectos en un personaje principal del sueño y luego explora esos rasgos en ti mismo. Esto es lo que hay que hacer:

PRIMERO. SELECCIONA UNA PERSONA QUE HAYA APARECIDO EN TU SUEÑO

- Selecciona un personaje onírico destacado que haya aparecido en un sueño reciente. Elige a alguien que te haya confundido o provocado una reacción intensa.

- Sin pensártelo demasiado, enumera dos rasgos positivos y dos negativos de la persona con la que has soñado.

- Aunque el personaje del sueño sea un extraño o una persona famosa a la que *no* conoces, puedes hacerte una idea de cómo es a través de sus acciones, su aspecto y su lenguaje corporal. Basa tu elección en esas impresiones, así como en tus propias reacciones ante el personaje del sueño.

- Si la persona es alguien que conoces, enumera los rasgos reales que te vengan a la mente.

SEGUNDO. ¿PODRÍAS SER TÚ? Después de enumerar los rasgos positivos y negativos del personaje del sueño, sé valiente. Examina los mismos rasgos en ti mismo. Averigua cuáles, si los hay, podrían aplicarse a ti en este momento. Ten en cuenta que un rasgo puede ser relevante para ti solo durante un tiempo limitado, o tener que ver contigo solo en una situación específica. Por ejemplo, puede que normalmente seas una persona habladora pero que, cuando tienes problemas, guarda silencio. Por eso, aunque tus amigos te describan como una persona habladora, un sueño con una persona callada podría retratarte durante una fase problemática.

TERCERO. PERO... ¿Y SI LA PERSONA NO ES UN REFLEJO TUYO? Después de observarlo detenidamente, si puedes concluir sinceramente que los rasgos de la persona soñada no coinciden con los tuyos, es posible que el personaje no sea un reflejo de tus rasgos o acciones. Examina las opciones alternativas sobre lo que pueden representar los personajes de los sueños, tal como se enumeran a continuación.

DETERMINAR CUÁNDO UN PERSONAJE ONÍRICO NO ES UN ESPEJO DE TI MISMO

La mayoría de las veces, una persona en sueños refleja tu personalidad y tus acciones. Sin embargo, se dan excepciones. Cuando una persona en sueños no encaje como reflejo tuyo, explora estas alternativas.

Alternativa 1 para una persona soñada que no es un reflejo tuyo

LOS PERSONAJES PUEDEN ESTAR REPRESENTANDO UNA DINÁMICA DE RELACIÓN. Tanto si un sueño se refiere a tu relación con un jefe, un socio, un familiar, un amigo o a un asunto amoroso, las personas que aparecen en sueños a lo que veces indican es cómo va esa relación. Nunca ignores el hilo argumental; es el primer indicio sobre quién o de qué trata el sueño. El comportamiento de los personajes durante el sueño y el hilo argumental pueden desvelar motivos ocultos, mostrar cómo te ven los demás y revelar intenciones ocultas, tanto tuyas como de ellos.

Cuando, en la vida real, te sientas confuso con respecto a una relación, busca un sueño que pueda reflejar lo que está ocurriendo y arroje luz sobre la situación. Un sueño sobre una relación puede aconsejarte sobre cómo tratar a los demás o invitarte a modificar tu propia actitud o tu comportamiento.

Alternativa 2 para una persona soñada que no es un reflejo tuyo

Un personaje onírico representa a una persona real. De vez en cuando, un sueño trata realmente sobre otra persona. Un sueño de este tipo puede mostrar a la persona actuando y mostrándose como lo hace normalmente. O puede tratarse de una escena metafórica, pero reconoces que el tema y las cualidades del personaje del sueño están relacionados con otra persona. Un sueño literal sobre otra persona te pone en contacto con sus problemas, te revela sus talentos o te da ideas sobre tu papel en su vida. Una mujer que soñó que un amigo se suicidaba le hizo una rápida llamada telefónica. Gracias a ese aviso, la soñadora consiguió que su amigo volviera a la senda positiva.

Alternativa 3 para una persona soñada que no es un reflejo tuyo

Un personaje onírico da una orientación directa y clara. Un hombre o una mujer que aparecen en sueños puede, a veces, presentarte directamente la información que necesitas; por ejemplo, un familiar que te indica dónde has extraviado un objeto perdido o un mecánico que trabaja en una pieza que hay que sustituir en tu coche. Cuando esto ocurre, no es necesaria ninguna interpretación. A veces solo está implícito el pensamiento, pero, aunque no se pronuncien palabras, el soñador conoce la intención. Tanto si se dicen palabras como si se insinúan pensamientos o si un personaje del sueño muestra la información visualmente, la orientación puede ser directa y clara.

11

NO TODOS LOS SUEÑOS SON SUEÑOS. EXPERIENCIAS MÍSTICAS QUE RECORDAMOS COMO SUEÑOS

NO TODOS LOS SUEÑOS SON SUEÑOS. DADO QUE UN SUEÑO es un puente entre tus pensamientos nocturnos y tu mente vigil, la autora Stase Michaels sugiere que un sueño es el único vehículo de tu memoria durante el sueño. Si tienes una experiencia mística por la noche, la recuerdas como un sueño porque el sueño es tu único vehículo de memoria nocturna. Aunque la discusión sobre si esto es así resulta circular y especulativa, los relatos anecdóticos están repletos de sueños místicos que se experimentan como hechos reales, a menudo más reales de lo que se puede expresar con palabras. Los sucesos místicos recordados en sueños tienen su propia firma y sabor, como se explica en las siguientes secciones.

LOS ACONTECIMIENTOS MÍSTICOS TIENEN LUGAR CON MÁS FRECUENCIA DURANTE EL SUEÑO. Las experiencias místicas y espirituales tienden a producirse durante la noche, por varias razones. En primer lugar, la lógica queda en suspenso mientras dormimos, lo que permite a la mente y al alma explorar profundidades y recovecos más profundos de la conciencia. En segundo lugar, no hay exigencias, no existe la necesidad de comida o bebida, ni de juguetes electrónicos. Al sumirse en un sueño apacible, el espíritu queda libre para dialogar con el alma y explorar lo que hay ahí fuera. ¿Puede alguien demostrar que durante el sueño se producen acontecimientos místicos? No, pero los entusiastas de los sueños registran con regularidad ejemplos fascinantes, como los siguientes:

LAS GRACIAS DIVINAS SE CONCEDEN A MENUDO DURANTE EL SUEÑO. Algunos sueños no son sueños; son experiencias de gracia divina. Tanto si buscas activamente una bendición como si esta te llega como un regalo inesperado, la mano divina a veces dispensa amor, sanación y transformación mientras duermes. Como dice la frase bíblica del Nuevo Testamento: «Buscad y encontraréis, pedid y se os dará». Una forma de reconocer un sueño que es un baño de amor divino es por los resultados. El sueño trae consigo una sacudida tal de energía que no deja duda de que has sido tocado por una gracia asombrosa. Sientes una combinación de conmoción, elevación, alegría y transformación, aunque una descripción precisa de lo que sucede está más allá de las palabras, según dicen los que han tenido una experiencia así.

EJEMPLO ONÍRICO 1 DE GRACIA DIVINA RECIBIDA EN UN SUEÑO. Llámame si me necesitas. Una joven se apoyaba en su profunda fe mientras luchaba por sobrellevar una difícil situación laboral. Concentrada en su trabajo, intentaba mantener una buena actitud, a pesar de las constantes discusiones entre sus compañeros. Sin embargo, por la noche, a menudo se echaba a llorar. Una noche soñó que volaba por el aire sobre una alfombra. La suave brisa del atardecer le acariciaba el pelo y la alfombra iba a aterrizar en la cima de una montaña. Un rayo de luz aparecía en el cielo y mostraba un número de teléfono en la pantalla, en letras doradas, de una en una, mostrándole los números 777-7777.

Cada siete que aparecía la llenaba de energía y alegría. Sintió que su copa de amor rebosaba y se despertó sobresaltada.

Reconociendo que el siete es un número místico en muchas tradiciones, supo que Dios había sonreído a sus esfuerzos por mantenerse positiva ante una situación difícil. A partir de ese día, siguió trabajando sin hacer caso de la discordia. Para su asombro, a los seis meses los alborotadores se habían marchado y habían sido sustituidos por nuevos compañeros de personalidades amables y positivas. La mano invisible no solo le concedió una gracia curativa en sueños, sino que sus efectos se extendieron a su vida, transformando un lugar de trabajo difícil en un entorno agradable.

EJEMPLO ONÍRICO 2 DE GRACIA DIVINA RECIBIDA EN UN SUEÑO: Tan solo hay que pedir. Durante un año, un hombre buscó fervientemente renovar su camino espiritual y experimentó varios asombrosos sueños de gracia. Estos chispazos divinos le animaron y a la vez le impactaron, llevándole a preguntarse si sus experiencias nocturnas eran una casualidad o podían ocurrirle a cualquiera. Una noche, rezó: «Dios, si alguien busca tu favor, ¿respondes siempre? ¿Estás realmente ahí?». Esa noche, una voz atronadora le respondió en sueños: «Si tú u otra persona quiere mi ayuda, solo tiene que pedirla». Como un fuerte viento que hace sentir su presencia, el mensaje lo dejó elevado y alegre más allá de lo que se puede expresar.

El Gran Espíritu había respondido a su pregunta, sin dejar lugar a dudas de que Dios invita a cualquiera a comunicarse con él y a pedir lo que necesita. Tales gracias se recuerdan a menudo como sueños. Algunos soñadores relatan una curación física directa; otros hablan de una curación emocional en sueños, como respuesta a sus plegarias. Los soñadores que tienen estas experiencias describen que se sienten abrazados por un amor divino tan fuerte que sus vidas cambian para siempre. A la mayoría le cuesta encontrar palabras para describir su experiencia. Sin embargo, todos coinciden en que el «amor que está más allá de todo entendimiento» y que han experimentado tiene un efecto curativo asombroso, y afirman que no se atenúa con el tiempo.

ENCUENTROS NOCTURNOS CON LOS QUE YA NO ESTÁN. Los seres queridos que han fallecido suelen aparecerse en los sueños de familiares y amigos. El cuerpo del ser querido fallecido suele mostrarse más joven, entero y lleno de vida. Algunos saludan, otros simplemente sonríen. Estos contactos nocturnos insinúan que la vida es eterna. Los encuentros parecen reales, y aportan alegría y consuelo al soñador.

Si tu corazón sigue conectado a un ser querido que ya ha fallecido, puede que te salude en una comunicación onírica poco después de fallecer o incluso, a veces, años más tarde. La visita de un ser querido fallecido se recuerda como un sueño y puede ser una respuesta a tus sentimientos de pérdida. La persona te visita lo hace para asegurarte que sigue viva en la eternidad y en espíritu. Estos encuentros a través del velo son coherentes con las enseñanzas sobre el cielo y la vida después de la muerte que la mayoría de las religiones mencionan, pero no describen en detalle.

Muchos creen que la otra vida no está lejos en el tiempo ni en el espacio, lo que permite que los seres queridos que ya no están se dejen caer por aquí. Los místicos sugieren que un vínculo de amor hace que sea natural que un ser querido que se ha ido se ponga en contacto de vez en cuando, y tender un puente entre el más allá y el soñador resulta más fácil durante el sueño.

EJEMPLO ONÍRICO DE UN CONTACTO CON UN SER QUERIDO FALLECIDO: trátela bien. La mayoría de las visitas oníricas de los seres queridos ya falleci-dos están marcadas por el empleo de pocas palabras, aunque, en ocasiones, la persona fallecida puede hablar. Un ejemplo sorprendente fue el de un padre que murió de manera repentina, unos dos años antes de la boda de su querida hija. Unas semanas antes de su boda, el novio, que no conocía a su padre, contó a la familia de la novia un sueño que le sorprendió. Describió a un hombre moreno de pómulos altos que decía, con firmeza, tres veces, y cada vez más alto que la anterior: «¡Cuida de mi hija!». A la tercera vez, el joven respondió tartamudeando: «Sí, señor», en el sueño.

La familia se rio, reconociendo al hombre del sueño del novio como el padre de la novia, que ya había fallecido. El sueño le trajo gratos recuerdos de lo protector que había sido aquel padre con su pequeña. Traspasando el velo, su difunto padre se presentó al novio. Aunque el futuro marido era un buen joven, le recordó a este que quería lo mejor para su hijita. Cuando hay amor, los lazos familiares son eternos.

VIAJES ASTRALES DURANTE LOS SUEÑOS. Los místicos afirman que el alma puede abandonar el cuerpo por la noche, durante el sueño, para hacer pequeñas expediciones. La experiencia se denomina «viaje astral», también conocido como proyección astral o experiencia «extracorpórea». Durante el viaje astral el cuerpo dormido permanece inmóvil mientras el alma se eleva hacia el mundo exterior y más allá, permaneciendo conectada al cuerpo a través de un místico y delgado cordón de plata. El cordón de plata permite al alma encontrar el camino de vuelta a su cuerpo dormido.

TIPOS DE VIAJE ASTRAL. Los relatos anecdóticos informan de viajes astrales que permiten vislumbrar otros reinos celestiales. O pueden ser viajes relacionados con experiencias cercanas a la muerte, en las que una persona muere o está a punto de morir, visita el más allá, pero revive y vive para relatar su experiencia. El viaje astral también puede tener lugar durante el sueño, como un sueño que es una experiencia mística recordada como un sueño.

SUEÑOS DE VIAJE ASTRAL. Algunos sueños en los que nos elevamos por calles familiares durante la noche, por encima de árboles o edificios, pueden ser experiencias de viaje astral. Lo mismo ocurre con las escenas oníricas de charlas entusiastas con amigos o socios, y que son continuación de conversaciones que pueden haber comenzado antes, durante el día, o que renuevan una amistad, en forma de una charla entre amigos. Los sueños de viajes astrales suelen mostrar calles, personas y lugares reales que se reconocen, y cuando se regresa de esos viajes nocturnos, el cuerpo puede sentir una sacudida, al aterrizar.

EJEMPLO ONÍRICO 1 DE VIAJES ASTRALES: VISITA NOCTURNA A UNA AMIGA. Una joven, preocupada por la salud de una amiga, soñó que volaba por los aires y se precipitaba de noche sobre lugares conocidos de la ciudad. Plenamente consciente de dónde se encontraba, se empapó de la escena de farolas encendidas y calles desiertas. Llega a casa de su amiga. Al verla dormir plácidamente, tuvo la certeza de que su amiga estaba bien; la soñadora había cumplido su misión. Entonces se dio cuenta de que llevaba mucho tiempo fuera de casa y de que estaba separada de su cuerpo. Al darse cuenta, se despertó con una sacudida, como si su alma hubiera aterrizado de nuevo en su cuerpo con un ruido sordo.

EJEMPLO ONÍRICO 2 DE VIAJES ASTRALES: UNA SESIÓN NOCTURNA DE ESTUDIO. Los profesores interesados en los sueños relatan experiencias oníricas de «sesiones nocturnas de estudio». Estos sueños describen conversaciones con alumnos entusiastas, que son la continuación de un tema que comenzó en clase, a primera hora del día. Los sueños parecen reales, como experiencias de viajes astrales compartidos por un grupo, animados a reunirse de nuevo por el entusiasmo mutuo por un tema.

Los soñadores informan de viajes a tierras lejanas para visitar a seres queridos y establecer una breve conexión anímica. Esta experiencia es común entre gemelos separados por la distancia, o entre parejas casadas en las que uno de los cónyuges se encuentra destinado en un país lejano. Los detalles de las conversaciones que tienen lugar durante esa visita nocturna pueden olvidarse, pero la intensa conciencia de la conexión que establecieron con un ser querido permanece.

TERRITORIO DESCONOCIDO. Estos ejemplos sugieren que el viaje astral puede iniciarse por una preocupación por un ser querido, un entusiasmo compartido o la añoranza de un ser querido. Tales vínculos del corazón pueden iniciar viajes astrales que se recuerdan como sueños. Los místicos han descrito tales experiencias durante siglos, lo que hace que algunos se pregunten cuánto nos queda por aprender sobre los horizontes inexplorados del alma.

UNA CARIÑOSA DESPEDIDA QUE OS BRINDA LA AUTORA

¡ENHORABUENA! HAS COMPLETADO UN RECORRIDO POR algunas nociones básicas y otras avanzadas sobre los sueños y el soñar. La autora espera que este breve vistazo a los sueños te deje preparado, dispuesto y entusiasmado a la hora de explorar tu propia vida, tal y como te la cuentan tus sueños. Transmitirte, por mi parte, el deseo de que disfrutes de toda una vida de aventuras, explorando tus propios sueños puede sonar un poco manido, pero es lo que de verdad te deseo.

DESEO ÍNTIMO DE LA AUTORA. QUE LOS SUEÑOS SE ENSEÑEN EN LAS ESCUELAS

Mi deseo íntimo, como experta y entusiasta de los sueños, es que se enseñen como herramienta de autoayuda en la escuela secundaria y en la universidad. En un mundo cada vez más desafiante y que cambia cada vez con mayor rapidez tecnológicamente, dotar a los jóvenes de herramientas de autoayuda que promuevan la autocomprensión y el crecimiento constructivos —como es el análisis de los sueños— sería una bendición para todos.

Para fomentar este sueño de ver que los sueños se enseñan en las escuelas, he elaborado un Curso Introductorio al Análisis de los Sueños basado en toda una vida de experiencia onírica. Aviso de última hora: Este curso introductorio puede funcionar tanto como esquema para profesores como contenido de curso que un profesor puede implementar según su propio estilo. Invito a los educadores que estén interesados en enseñar el análisis de los sueños, ya sea formal o informalmente, a ponerse en contacto conmigo a través de **INTERPRETADREAM.COM**, para conocer más acerca de este curso.

Entre tanto, una cariñosa despedida.

ÍNDICE TEMÁTICO